Elisabeth Badinter

Die Wiederentdeckung der Gleichheit

Schwache Frauen, gefährliche Männer
und andere feministische Irrtümer

Aus dem Französischen von Petra Willim

Ullstein

Die Originalausgabe erschien 2003 unter dem Titel
Fausse route bei Odile Jacob, Paris

Ullstein Verlag
Ullstein ist ein Verlag der Ullstein Buchverlage GmbH.

ISBN 3-550-07592-8

Elisabeth Badinter

Die Wiederentdeckung der Gleichheit

Für meine Tochter Judith

INHALT

Prolog

Die Wende
der neunziger Jahre

Es fällt heute nicht leicht, sich die Atmosphäre der achtziger Jahre zu vergegenwärtigen. Nachdem wir Frauen in den siebziger Jahren manch großen Sieg errungen hatten und 1981 die französische Linke an die Macht gelangt war, schien eine Zeit gekommen, die zu den größten Hoffnungen berechtigte. Für viele von uns war dies ein Augenblick der Hochstimmung, wenn nicht gar der Euphorie. Nach weniger als zwanzig Jahren konnten die Feministinnen eine stolze Bilanz ziehen. Der erhebliche Anstieg des Anteils weiblicher Beschäftigter öffnete den Frauen endlich das Tor zu einer gewissen Unabhängigkeit. Sobald eine Frau den Lebensunterhalt für sich und ihre Kinder verdient, kann sie einen Mann verlassen, den sie nicht mehr erträgt. Eine kostbare Freiheit, die noch die vorige Generation kaum kannte. Die Zahl der Scheidungen nahm unaufhörlich zu, die traditionelle Ehe verlor immer mehr an Bedeutung. Es war das Ende eines jahrtausendealten Jochs.

Durch die Freigabe von Empfängnisverhütung und Abtreibung sahen sich die Frauen der westlichen Länder mit einer Macht ausgestattet, die in der Menschheitsgeschichte bislang beispiellos war. Ob man will oder nicht: Diese Revolution bezeichnete das Ende des Patriarchats. Du wirst Vater sein, wenn ich es will und wann ich es will – das war die

Devise. Entsprechend hielten wir die Namen all jener Frauen hoch, die zum ersten Mal männliches Terrain erobert hatten: von der ersten Frau, die den besten Abschluss eines Jahrgangs an der Pariser École Polytechnique gemacht hatte, über die erste Polizeikommissarin bis zur ersten Vorsitzenden des Kassationsgerichts. Diese Frauen symbolisierten für uns Etappen in einem siegreichen Kampf. Wir hatten das Gefühl, dass sich eine grundlegende Umwälzung im Verständnis der Geschlechterrollen vollzog.

Das traditionelle Frauenbild verblasste allmählich und trat hinter ein anderes zurück, das die Frau mannhafter, stärker, nahezu als Herrin ihrer selbst, wenn nicht gar des Universums präsentierte. Endlich tauschten wir die Rollen! Nach Jahrtausenden einer mehr oder weniger sanften Tyrannei, in der die Frau immer nur den zweiten Platz eingenommen hatte, wurde sie nun zur Heldin eines Films, in dem sich die Männer mit Nebenrollen begnügen mussten. Aus dieser so lustvollen Umkehrung speiste sich zweifellos die kostbare Energie all jener Frauen, die Grenzen überwanden und sich auf Neuland vorwagten. Ja, von Grenzen war überhaupt keine Rede mehr. Alles, was ihm gehörte, gehörte nun auch ihr. Aber nicht alles, was ihr gehörte, gehörte auch ihm. Von jenem Eroberungsgeist beseelt, glaubten die Frauen, schon bald mit ihrem Gefährten Heim und Welt teilen zu können. Die Gleichheit der Geschlechter wurde zum letzten Kriterium einer echten Demokratie.

Ohne die neue Welle des amerikanischen Feminismus zur Kenntnis zu nehmen, der von einem besonderen »Wesen der Frau«[1] sprach, die Frauen als eine »separate Nation« betrachtete und damit erneut einen dualistischen Geschlechtergegensatz schuf, träumten die Französinnen von einer befriedeten Beziehung zu den Männern ihres Lebens: zum Vater, zum Ehemann, zum Vorgesetzten – und zu all den anderen.

Einzig die Feministinnen an den französischen Universitäten hatten von den wütenden Ausfällen der talentierten amerikanischen Rhetorikerin und Politologin Andrea Dworkin oder den Gefechten der US-Juristin Catharine MacKinnon gegen sexuelle Belästigung und Pornographie gelesen oder gehört. Während Mitte der achtziger Jahre die amerikanischen Feministinnen jede Art von Gewalt gegen Frauen anprangerten und Misstrauen gegen das männliche Geschlecht schürten, richteten die Frauen auf unserer Seite des Atlantiks ihr Augenmerk vor allem auf die Doppelbelastung durch Berufs- und Hausarbeit und auf die unerklärliche Trägheit der Männer. Tatsächlich war die französische Gesellschaft damals weniger brutal als heute, und zudem kamen die Opfer männlicher Gewalt seltener zu Wort. Nicht so sehr die verschärfte strafrechtliche Ahndung von Vergewaltigung (1980) markiert daher den Wendepunkt in der öffentlichen Wahrnehmung, sondern vielmehr das Erscheinen eines eher amüsanten und eigentlich gar nicht bitteren Buches: *Zum Teufel mit der Superfrau* von Michèle Fitoussi.[2] Dieses 1987 erschienene Werk einer damals zweiunddreißigjährigen Journalistin und Mutter zweier Kinder war der erste Stein, der mit großer öffentlicher Resonanz im Gärtchen der Feministinnen der siebziger Jahre einschlug. Der Buchtitel – *Le Ras-le-bol des Superwoman* – wurde zu einer in der französischen Presse häufig gebrauchten Floskel. Das *ras-le-bol* (»Es reicht!«) brachte wie ein Blitz die Erkenntnis zum Ausdruck: »Zum Teufel, wir sind reingelegt worden.«

Da eine Rückkehr zum früheren Zustand ausgeschlossen war und es nicht in Frage kam, entweder Familie oder Beruf zu opfern, blieb den meisten Frauen keine andere Wahl, als den von ihren Müttern eingeschlagenen Weg um jeden Preis weiterzugehen. Die Stunde seliger Eroberungen war nun vorbei. Stattdessen kam eine psychologische Entwicklung in Gang, die sich mit einer neuen gesellschaftlichen Wahrnehmung verband. Zunächst einmal breitete sich ein Gefühl der Enttäuschung über die Männer aus. Die meisten von ihnen hatten sich auf die Idee der Gleichheit nicht eingelassen, jedenfalls nicht schnell und umfassend genug. Man brauchte nur den Zeitaufwand von Vätern und Müttern für ihre jeweiligen Tätigkeiten zu vergleichen. Seit zwanzig Jahren hatte sich nichts wirklich geändert: Nach wie vor erledigten die Frauen drei Viertel der Arbeit in Haushalt und Familie. Ein Grund zur Verbitterung … Kein Wunder, dass die Enttäuschung in Ressentiment umschlug: gegen die Feministinnen, die sich, nachdem sie zuerst unrealistische Ziele verkündet hatten, nun ins Schweigen flüchteten oder Reue bekundeten; gegen den Staat, der immer noch fest in männlicher Hand war und sich um die Probleme von Müttern nicht weiter scherte; und schließlich gegen die Männer, die nicht nur ihren Partnerinnen mit dem zähen Widerstand eines schier grenzenlosen Phlegmas begegneten, sondern die um jeden Zentimeter ihrer geschützten Reviere kämpften: um die Orte der Macht.

Diese schon wenig ruhmreiche Bilanz verschlechterte sich zu Beginn der neunziger Jahre noch mehr. Der Grund war die anhaltende Wirtschaftskrise, die damals schon länger als fünfzehn Jahre andauerte. Millionen Männer und Frauen machten die Erfahrung der Arbeitslosigkeit, und prozentual waren die Frauen weit stärker davon betroffen als die Männer. Die Zeit war für feministische Forderungen nicht eben günstig. Im Gegenteil, die Gesellschaft nahm immer stärker isolationistische Züge an, und zahlreiche Mütter mit zwei Kindern – zumal die wirtschaftlich Schwächsten – zogen sich mit der Hälfte des Mindestlohns in der Tasche in die eigenen vier Wände zurück.

Parallel zu dieser Ohnmachtserfahrung breitete sich in unserer Gesellschaft eine neue Feinfühligkeit aus, die nach und nach zu einem Umsturz der Wertehierarchie führte. Seit dem Ende der achtziger Jahre und erst recht heute hat der westliche Mann genüsslich der Versuchung nachgegeben, sich »im Stande der Unschuld« einzurichten, wie der französische Philosoph Pascal Bruckner es nennt. Die neue Heldengestalt ist nicht mehr die Kämpfernatur, die Berge versetzt, sondern das Opfer, das seine Wehrlosigkeit zur Schau trägt. »Misserfolg gilt als Zeichen eines besonderen Adels, und wer sich für gescheitert erklärt, hebt sich aus der breiten Masse heraus und verwandelt seine Unterlegenheit in Ruhm. ... Ich leide, also bin ich wertvoll«, schlussfolgert Bruckner.[3] Jedes Leid führt zu Vorwürfen und verlangt nach Wiedergutmachung. Da die Gesellschaft an allem schuld ist, wächst exponenziell die Zahl der Gerichtsprozesse. Es geht nur noch um Benachteiligung und Bestrafung.

Der Feminismus ist dieser Entwicklung nicht entgangen; er war vielmehr eine ihrer Speerspitzen. Nicht mehr Heroinen, die Höchstleistungen vollbringen, ziehen das öffentliche Interesse auf sich, sondern die Opfer der männlichen Herrschaft. Superfrauen haben eine schlechte Presse. Bestenfalls sind sie Ausnahmen von der Regel, schlimmstenfalls egoistische Privilegierte, die den Solidaritätspakt mit ihren leidenden Schwestern gebrochen haben. Nichts ist in dieser Hinsicht aufschlussreicher als der Platz, den die französischen Frauenzeitschriften der beispiellosen Leistung der britischen Seglerin Ellen MacArthur einräumten. Dass diese kleine, zierliche Frau 1998 eine der abenteuerlichsten Regatten, die Route du Rhum, gewann und dabei die erfahrensten Segler hinter sich ließ,[4] stieß auf nur mäßige Begeisterung. Gewiss, *Elle* sprach zwar von »unserer Heldin«, widmete ihr jedoch nicht – anders als noch ein paar Jahre zuvor, als die Französin Florence Arthaud die gleiche Regatta gewonnen hatte – die Titelseite. *Madame Figaro* brachte nur ein Foto mit ein paar Zeilen darunter und achtete darauf, nicht nur die Siegerin, sondern auch einen ihrer weniger erfolgreichen männlichen Rivalen zu beglückwünschen, der »den Mut hatte, seine Angst einzugestehen, und ein paar Stunden nach dem Start umkehrte«.

Solche Leistungen von Sportlerinnen – zumal wenn sie die ihrer männlichen Konkurrenten übertreffen – sind weniger anekdotisch, als es zunächst scheinen mag. Sie liefern den Beweis für die Macht des Willens und des Mutes. Sie brechen mit dem Bild der schwachen, schutzbedürftigen Frau, das den radikalen amerikanischen Feministinnen so teuer ist.

Dennoch: Spitzensportlerinnen, große Journalistinnen und all die anderen Frauen, die in männliche Domänen eingebrochen sind und dort ihren Weg gehen, stören die herrschende Ideologie. Man übersieht sie lieber und zieht es vor, alle Aufmerksamkeit der ewig-männlichen Unterdrückung vorzubehalten.

Nichts hat sich geändert, sagen die einen. Es ist sogar schlimmer geworden, sagen die anderen. Die männliche Gewalt stand niemals so klar im Blickpunkt wie heute. Soziale Gewalt und sexuelle Gewalt sind letztlich dasselbe. Der Schuldige, auf den man mit dem Finger zeigt, ist natürlich der Mann, der Mann als solcher. Zahlreiche Soziologen und Anthropologen wiederholen bis zum Überdruss die ausweglose Feststellung: Die Überlegenheit des Mannes, sei sie naturgegeben oder kulturell begründet, ist universell. Woraus unmittelbar folgt: Die Frauen sind immer und überall in einer unterlegenen Position, demnach wirkliche oder potenzielle Opfer. Nur mit Mühe gesteht man sich ein, dass diese betrübliche Situation für das Gebiet der Fortpflanzung kaum mehr Gültigkeit hat. Und wer einräumt, dass sich dort etwas verändert hat, vermeidet es, alle gebotenen Schlussfolgerungen daraus zu ziehen.[5]

Diese systematische »Viktimisierung«[6] hat natürlich auch ihre Vorteile. Zunächst einmal fühlt man sich sofort auf der richtigen Seite der Barrikade. Nicht nur, weil das Opfer immer Recht hat, sondern auch, weil es im selben Maße Mitleid erweckt, wie der Täter gnadenlosen Hass auf sich zieht. Die Befürworter härterer Strafen wissen genau: Selten sympathisiert die Öffentlichkeit mit dem Verbrecher, der auf der Anklagebank sitzt. Außerdem gestattet die Viktimisierung des weiblichen Geschlechts, die Situation der Frau immer und überall als dieselbe zu betrachten und den feministischen Diskurs unter eine gemeinsame Flagge zu stellen. So wird wie durch einen Zauberschlag das ganze Kopfzerbrechen über kulturelle, soziale und ökonomische Differenzen entbehrlich. Man kann sogar die Lage der »Europäerinnen« mit jener der »Orientalinnen« vergleichen und, ohne rot zu werden, behaupten, »dass die Frauen, eben weil sie Frauen sind, überall Opfer von Hass und Gewalt sind« (so das französische Frauenmagazin *Marianne*).[7] Die Großbürgerin des 7. Pariser Arrondissements und die junge Nordafrikanerin in den Vororten: Sie führen vermeintlich denselben Kampf.

Wer aber die wahren und die falschen Opfer ständig miteinander vermengt, verliert aus dem Auge, welche Kämpfe dringlicher zu führen sind als andere. Wer immer nur das Bild der unterdrückten und gegen den ewigen Unterdrücker stets wehrlosen Frau zeichnet, verliert jede Glaubwürdigkeit bei der jungen Generation, die auf diesem Ohr taub ist. Und außerdem: Was bietet man den Jugendlichen denn als politische Ziele – außer einer ständig zunehmenden Viktimisierung hier und verschärften Strafen für Männer dort? Das ist wenig erhebend. Und liefert zudem nichts, was ihr tägliches

Leben ändern könnte. Im Gegenteil: Weil der Feminismus der letzten Jahre von der Identitätsproblematik und der Idee, dem männlichen Geschlecht den Prozess zu machen, geradezu besessen war, hat er jene Kämpfe links liegen lassen, denen er seine Existenzberechtigung verdankt. Die sexuelle Freiheit weicht dem Ideal einer gezähmten Sexualität, während man den Mythos des Mutterinstinkts wieder aufleben sieht, ohne dass irgendjemand dagegen Einspruch erhöbe. Und die Aufnahme der Geschlechterdifferenz in den Verfassungstext[8] bedeutet ja nichts anderes als die stillschweigende Rückkehr zur Definition der Frau durch die Mutterschaft – so als ob eine Erhöhung des Frauenanteils in den Parlamenten es rechtfertigte, den alten Klischees wieder Ehre zu erweisen.

Wir müssen uns heute die Frage stellen: Welche Fortschritte sind in den letzten fünfzehn Jahren wirklich gemacht worden? Nimmt der feministische Diskurs, wie er heute über die Medien verbreitet wird,[9] die Sorgen der Mehrheit der Frauen überhaupt auf? Welche Muster von Weiblichkeit und Männlichkeit versucht er zu fördern? Welches Modell von Sexualität versucht er uns aufzudrängen? Solche Fragen erfordern gelegentlich einen Umweg über die USA. Nicht dass wir die Suppe, die aus Amerika zu uns herüberschwappt, brav ausgelöffelt hätten. Doch mit einiger Verzögerung haben wir, wie so oft, von dort verschiedene Ideen aufgenommen und mit den unsrigen vermischt. Bleibt noch, das Ergebnis zu beurteilen.

DIE KLASSISCHEN KRITERIEN FÜR WAHRHEIT, wie sie der französische Philosoph René Descartes in seinem Werk *Abhandlung über die Methode* formulierte, sind schon lange außer Mode. Den »klaren und deutlichen« Ideen ziehen wir Analogien und Verallgemeinerungen vor, kurzum: ein Amalgam, »ein Gemisch unterschiedlicher Bestandteile, die nicht recht zueinander passen«.[1] Freilich ist das unstatthafte Vermixen weniger ein Werkzeug des Wissenschaftlers als vielmehr des Politikers. Im Übrigen lässt sich jene Philosophie nur schwer präzise fassen, auf die sich der gegenwärtige Feminismus stützt, der die Frauen zu Opfern erklärt. Er enthält mehrere nebulöse Vorstellungskomplexe, in denen der Kulturalismus mit einem uneingestandenen Naturalismus und Essentialismus verschwimmt. Oft hat man das Gefühl, dass die Prinzipien nicht etwa das Handeln anleiten, sondern in ihm nachträglich Rechtfertigung finden. Es geht dabei weniger um eine Theorie des Geschlechterverhältnisses als darum, das andere Geschlecht und ein Unterdrückungssystem anzuklagen – eine neue Logik, doch eine alte Philosophie. Ob bewusst oder nicht, dieser Feminismus hat ein Frauenbild hervorgebracht, das uns weit zurückwirft oder uns auf Wege führt, die wir nicht beschreiten wollen.

DIE LOGIK DER MIXTUR

Sie betrifft vor allem den Bereich der Sexualität und arbeitet mit Verallgemeinerungen und Analogiebildungen. Es wird nicht mehr zwischen objektiv und subjektiv, minderjährig und volljährig, normal und pathologisch, physisch und psychisch, bewusst und unbewusst unterschieden. Alles wird im Namen einer eigentümlichen Auffassung von Sexualität und vom Geschlechterverhältnis auf die gleiche Stufe gestellt.

Das Kontinuum der Formen der Gewalt

Seit dreißig Jahren strickt der radikale amerikanische Feminismus emsig an einem Bild der kontinuierlichen Gewalt gegen Frauen, mit dem das weibliche Martyrium in seinem ganzen Ausmaß demonstriert werden soll: Die Beziehungen zwischen Männern und Frauen stellen ein einziges Kontinuum sexueller Verbrechen dar. Innerhalb weniger Jahre erschienen drei Bücher, die aus dieser Strömung hervorgegangen sind und dem Thema der sexuellen Unterdrückung der Frauen zum Durchbruch verhalfen. Das Erste handelt von Vergewaltigung,[2] das Zweite von sexueller Belästigung[3] und das Dritte von Pornographie.[4] Die Autorinnen Susan Brownmiller, Catharine MacKinnon und Andrea Dworkin wurden damit ziemlich berühmt. In der Folge arbeiteten Dworkin und MacKinnon zusammen, da sie sich über das Wesentliche einig waren: Frauen sind eine unterdrückte Klasse, und die eigentliche Wurzel dieser Unterdrückung ist die Sexualität. Die männliche Herrschaft beruht auf der Macht der Männer, Frauen als Sexualobjekte behandeln zu können. Diese Macht, die man bis zu den Anfängen der menschlichen Gattung zurückverfolgen kann, beginnt mit Vergewaltigung.

22

In den Augen dieser Autorinnen bilden Vergewaltigung, sexuelle Belästigung, Pornographie und Tätlichkeiten (Schläge und Verletzungen) ein einheitliches Ganzes, das sich aus einer einzigen Quelle speist: der Gewalt gegen Frauen.[5] Nicht zu vergessen Prostitution, Striptease und überhaupt alles, was direkt oder indirekt mit Sexualität zu tun hat. Das Urteil ist unumstößlich: Es gilt, die Männer zu zwingen, ihre Sexualität zu ändern. Und um das zu erreichen, müssen Gesetze geändert und Gerichte angerufen werden.

Die liberalen Feministinnen protestierten heftig gegen dieses Verfahren, das nach Zensur rief, die sexuelle Befreiung zurücknahm und wie eine Kriegserklärung an das männliche Geschlecht klang.[6] Andrea Dworkin ließ sich zu immer provokanteren und überspitzteren Formulierungen hinreißen und wandelte sich zum Gorgonenhaupt dieses neuen Feminismus. Ihre viktimistische Philosophie machte dennoch ihren Weg. Dworkin zögerte nicht, die Frauen mit den Überlebenden der Konzentrationslager zu vergleichen, und es dauerte nicht lange, bis das Wort *survivor* (Überlebende) sich auch bei vielen anderen Autorinnen fand. Ihre Mitstreiterin MacKinnon, eine hervorragende Anwältin und Professorin der Rechtswissenschaft an angesehenen amerikanischen Universitäten, führte die juristische Schlacht – wie man weiß – erfolgreich. Nicht nur erwirkte sie 1986 beim Obersten Gerichtshof der USA die Anerkennung der sexuellen Belästigung als Form sexueller Diskriminierung, sondern es gelang ihr zweimal – 1983 und 1984 –, mit Hilfe konservativer Interessengruppen und mit der entschiedenen Unterstützung der Republikaner im Stadtrat von Minneapolis und Indianapolis, das so genannte »MacKinnon-Dworkin-Gesetz« gegen Pornographie durchzusetzen. Pornographie galt nun als Verletzung der Bürgerrechte. Dieses Gesetz war unterschiedslos auf Filme, Bücher und Zeitungen anwendbar: Sobald eine Frau erklärte, sie fühle sich »erniedrigt«, konnte sie den Grund ihrer Erniedrigung verbieten lassen. Ein Großteil der klassischen Literatur und des Films drohte auf diese Weise in der Versenkung zu verschwinden. Diesmal entfachten Feministinnen aller Richtungen (von Betty Friedan über Adrienne Rich bis zu Kate Millett) einen Sturm gegen diesen Zensurwahn. Nach einer heftigen Auseinandersetzung obsiegte der erste Zusatzartikel zur amerikanischen Verfassung, der die freie Meinungsäußerung garantiert. Doch MacKinnons Ansehen und Anhängerschaft wuchsen so sehr, dass sich der Oberste Gerichtshof in Kanada einen guten Teil ihrer Theorien über Pornographie zu Eigen machte.

Seltsamerweise wurden die Bücher von Dworkin und Mac-Kinnon niemals ins Französische übersetzt. Vielleicht glaubte man, sie seien mit der Mentalität der Französinnen unvereinbar. Noch erstaunlicher ist es, dass ihre beiden Namen in französischen feministischen Arbeiten kaum auftauchen, so als wäre der Schwefelgeruch ihres bekennenden Extremismus gar zu unangenehm. Dennoch haben nicht wenige ihrer Ideen den Atlantik überquert – mit der Hilfe unserer Freunde in Québec, der Institutionen der Europäischen Union sowie zahlreicher Universitätsdozentinnen, die jene amerikanischen Universitäten frequentierten, an denen solche Ideen besonders im Schwange sind.

In Frankreich begann zunächst einmal alles mit einem heilsamen Schock. Der Musterprozess von Aix-en-Provence gegen drei Vergewaltiger im Jahr 1978 war für das gesellschaftliche Bewusstsein ein wichtiger Schritt. Unter der großartigen Prozessführung von Gisèle Halimi, der Anwältin der beiden Opfer und Vorsitzenden der feministischen Gruppe Choisir – La cause des femmes (Freie Entscheidung – für die Sache der Frau), wurde in diesem Gerichtsverfahren nicht nur den

Tätern der Prozess gemacht.[7] Allzu oft hatte man Vergewaltigung zu einem bloßen Sittlichkeitsvergehen verharmlost. Nun richtete sich die Anklage auch gegen Polizei und Justiz, da diese immer wieder die Frauen davon abhalten, Anzeige zu erstatten. Denn Frauen, die den Täter verklagen, mussten und müssen sich auch heute noch hämischer Verdächtigungen erwehren. Angeklagt wurde darüber hinaus die Trägheit einer Gesellschaft, welche die Schwere sexueller Delikte systematisch unterschätzte, weil »ein männliches Wertuniversum die Vergewaltigung mit der ›natürlichen männlichen Aggressivität‹ und der ›masochistischen Passivität der Frau‹ faktisch gerechtfertigt hat«.[8]

Dank dieses Tribunals begann die Öffentlichkeit zu begreifen, dass psychische Wunden mehr Zeit als körperliche Verletzungen brauchen, um zu vernarben. Das Opfer kann sein Leid verbergen oder ignorieren, aber nicht ungeschehen machen. Die Opfer von Aix sprachen von Zerstörung, Identitätsverlust und Tod. »Die innere Traumatisierung«, schreibt der französische Soziologe Georges Vigarello, »wird zu einem wesentlichen Maßstab für die Schwere der Straftat.«[9]

In der Zeit nach dem Prozess von Aix wurde Vergewaltigung neu definiert und neu bewertet. Das Gesetz vom 23. Dezember 1980 hält fest: »Jede Handlung sexueller Penetration, die an der Person eines anderen unter Zuhilfenahme von Gewalt, Zwang oder Arglist begangen wird, stellt eine Vergewaltigung dar.«[10] Das verschärfte Strafmaß reicht, je nach den Umständen der Tat, von fünf bis zu zwanzig Jahren Haft. Trotz zahlreicher Widerstände ist in Frankreich die Zahl der Strafanzeigen wegen Vergewaltigung ständig gestiegen: von 892 im Jahr 1992 auf 1238 im Jahr 1996.[11] Das Bemerkenswerteste ist der Anstieg der Verurteilungen mit einem Strafmaß zwischen zehn und zwanzig Jahren: von 283 im Jahr 1992 auf 514 im Jahr 1996.[12] Neben der Vergewaltigung wurden auch andere Delikte, die mit Sexualität in Bezug stehen, neu definiert und bewertet. Das neue Strafgesetzbuch spricht nicht mehr von »Sittlichkeitsvergehen«, sondern von »sexueller Aggression«: »Als sexuelle Gewalt ist jede *Verletzung* des sexuellen Selbstbestimmungsrechts durch Gewalt, Zwang, Drohung oder Arglist zu verstehen.«[13] Insofern, als unter diesen erweiterten Begriff der »Verletzung« nun auch moralische und psychische Gewalt fallen, beginnt damit »eine neue Ära in der Geschichte des Ostrazismus«.[14]

Nach amerikanischem Vorbild wurde 1992 das neue Delikt der »sexuellen Belästigung« eingeführt, um den bisherigen Tatbestand des »Autoritätsmissbrauchs« zu ergänzen. Die Nationalversammlung und die damalige Ministerin für die Rechte der Frau, Véronique Neiertz, waren so weise, in der verabschiedeten Fassung des Gesetzes nur sexuelle Belästigung in Abhängigkeitsverhältnissen unter Strafe zu stellen. Gegenüber Amerikanerinnen, die sich über diese Einschränkung erstaunt zeigten, soll die Ministerin geäußert haben, sie rate allen Frauen, die sich von Arbeitskollegen belästigt fühlen, mit »ein paar saftigen Ohrfeigen« zu reagieren.[15] Dieser gute Rat geriet rasch in Vergessenheit. Zehn Jahre später führte das Gesetz vom 17. Januar 2002 das neue Delikt der »psychischen Belästigung« (harcèlement moral) ein, das den Begriff des Autoritätsmissbrauchs ersetzt.[16] Sexuelle oder psychische Belästigung durch Vorgesetzte sind in der Arbeitswelt nicht selten, und es gab guten Grund, sie zu sanktionieren. Aber was die gleichgestellten Arbeitskollegen anbetrifft – hätte man da nicht besser die Frauen (und die Männer) ermutigen sollen, sich selbst zu verteidigen, statt sie als schutzlose Wesen zu betrachten?

Am 17. April 2002 verkündete Anna Diamantopoulou, EU-Kommissarin für Arbeit und Soziales, die Verabschiedung eines Gesetzes gegen sexuelle Belästigung durch das Europäische Parlament. Strafbar wird damit »ein unerwünschtes sprachliches, nichtsprachliches oder körperliches Verhalten mit sexueller Bedeutung, das geeignet ist, die Würde einer Person zu verletzen, indem es eine einschüchternde, feindselige, herabwürdigende, erniedrigende oder kränkende Situation schafft«.[17] Nicht nur kann der Täter nun auch ein gleichrangiger oder untergebener Kollege sein; die verwendeten Ausdrücke sind darüber hinaus so schwammig und subjektiv, dass man auf diese Weise alles und jedes als Belästigung bewerten kann. Diese Definition erwähnt nicht einmal mehr, wie noch das gegenwärtige französische Gesetz, den Begriff der »Tatwiederholung«. Damit ist der Weg gebahnt für Begriffe wie *visuelle Belästigung* (ein allzu begehrlicher Blick) und andere Albernheiten. Was wird dann aus der Grenze zwischen objektiver Realität und subjektiver Einbildung? Ganz zu schweigen von dem Unterschied zwischen sexueller Gewalt und sexuellen Absichten. Als unzweifelhaftes Beispiel für Gewalt nannte Anna Diamantopoulou das Anbringen pornographischer Fotos an einer Wand und machte damit deutlich, welches das nächste Ziel ist. Kein Zweifel, dass wir uns amerikanischen Verhältnissen annähern. Es wird nicht mehr lange dauern, bis – wie an der Princeton University – auch hierzulande als sexuelle Belästigung »jedes unerwünschte sexuelle Interesse« gilt, »das ein Gefühl des Unbehagens erzeugt oder Probleme in der Schule, an der Arbeit oder in den sozialen Beziehungen verursacht«.

Auch die jüngste Umfrage »Gewalt gegen Frauen benennen und messen«[18] verwendet diesen erweiterten, auf verbale Aggression und psychischen Druck ausgedehnten Begriff der Gewalt. Ein solches Verfahren öffnet der Deutungswillkür Tür und Tor. Wie soll man mit einem strukturierten Fragebogen die »Beeinträchtigung der psychischen Integrität einer Person« messen? Wo beginnt und wo endet beleidigendes Verhalten in der Öffentlichkeit? Was von *einer* Frau so empfunden wird, muss von einer *anderen* nicht notwendigerweise genauso wahrgenommen werden. Die Frage der Einschätzung bleibt also jeder Einzelnen überlassen. Gleiches gilt für den psychischen Druck in der Paarbeziehung. Unter den neun Fragen,[19] mit denen diese Art von Gewalt gemessen werden sollte, geben manche zu denken. Etwa die Folgenden: »Hat Ihr Partner/Ihr Freund/Ihre Freundin in den letzten zwölf Monaten: … kritisiert oder herabgewürdigt, was Sie taten? Unfreundliche Bemerkungen über Ihr Äußeres gemacht? Sie gezwungen, sich in bestimmter Weise zu kleiden, die Haare zu tragen oder sich in der Öffentlichkeit zu verhalten? Ihre Meinung übergangen oder missachtet? Ihnen vorzuschreiben versucht, was Sie zu denken haben?«[20] Das Unbehagen wächst noch, wenn man sieht, dass Fälle von psychischem Druck – die in den bejahenden Antworten am weitaus häufigsten genannt werden – neben »verbalen Beleidigungen und Drohungen« und »emotionaler Erpressung« in die Gesamtziffer der »Gewalt in der Paarbeziehung« (siehe Tabelle auf Seite 31) ebenso eingehen wie »physische Angriffe« oder »Vergewaltigungen und andere erzwungene Sexualpraktiken«. Nach dieser Berechnung sind 10 Prozent der Französinnen in ihrer Paarbeziehung Gewalt ausgesetzt. Von diesen beklagen sich 37 Prozent über psychischen Druck, 2,5 Prozent über physische Angriffe und 0,9 Prozent über Vergewaltigungen oder andere erzwungene Sexualpraktiken.

Man höre und staune: Kann man physische Handlungen und psychische Empfindungen einfach nebeneinander stel-

Auszug aus dem Fragebogen
»Psychischer Druck in der Paarbeziehung«

Hat Ihr Partner/Ihr Freund/Ihre Freundin in den letzten zwölf Monaten:
niemals/selten/manchmal/oft/systematisch

1. Sie daran gehindert, Ihre Freunde oder Familienmitglieder zu treffen oder mit ihnen zu sprechen?
2. Sie daran gehindert, mit anderen Männern zu sprechen?
3. kritisiert oder herabgewürdigt, was Sie taten?
4. unfreundliche Bemerkungen über Ihr Äußeres gemacht?
5. Sie gezwungen, sich in bestimmter Weise zu kleiden, die Haare zu tragen oder sich in der Öffentlichkeit zu verhalten?
6. Ihre Meinung übergangen oder missachtet? Ihnen vorzuschreiben versucht, was Sie zu denken haben? (a) unter vier Augen/(b) vor anderen Personen
7. wissen wollen, mit wem Sie sich getroffen haben oder wo Sie waren?
8. aufgehört, mit Ihnen zu reden, sich jeder Diskussion entzogen?
9. Ihnen das Haushaltsgeld für die täglichen Einkäufe verweigert?

len, als ob es sich um von Natur aus Gleichartiges handelte? Darf man eine Vergewaltigung und eine unfreundliche oder verletzende Bemerkung mit derselben Vokabel erfassen? Man wird einwenden, dass das Opfer in beiden Fällen Schmerz empfindet. Aber sollte man nicht strenger zwischen objektivem und subjektivem Schmerz, zwischen Gewalt,

Machtmissbrauch und mangelndem Respekt unterscheiden? Der Begriff der Gewalt ist in unseren Köpfen so eng mit dem der körperlichen Gewalt verknüpft, dass eine ziemliche Konfusion zu entstehen droht und sich der Eindruck festsetzt, 10 Prozent der Französinnen würden von ihrem Partner geschlagen werden.[21]

Diese Summierung völlig unterschiedlicher Arten von Gewalt auf der Basis bloßer telefonischer Befragung hat wenig mit objektiver Datenerhebung zu tun. Denn wie soll man ohne Gegenüberstellung mit den Aussagen des Mannes und ohne vertiefende Interviews die erhaltenen Antworten für gesichert halten?

Die »Logik der Mixtur«, das ständige Vermengen von Dingen, die begrifflich unterschieden werden müssen, macht hier noch keineswegs halt. Vielleicht wegen der gemeinsamen sprachlichen Wurzel der Begriffe »Vergewaltigung« (*viol*) und »Gewalt« (*violence*) wird jede sexuelle »Gewalt« – in dem erweiterten Sinne des Wortes – als Verletzung der Person, als eine Art Vergewaltigung aufgefasst. Auch wenn nicht alle so weit gehen wie Dworkin und MacKinnon, die Pornographie mit Vergewaltigung gleichsetzen, ja sie sogar mit Sklaverei, Lynchjustiz, Folter und Holocaust in einem Atemzug nennen, so hört man doch immer häufiger Stimmen, die sexuelle Belästigung und Vergewaltigung für das Gleiche halten. So erklärt der französische Psychiater Samuel Lepastier, der mehrere Studien über sexuelle Belästigung verfasst hat, gegenüber dem Nachrichtenmagazin *L'Express*: »Sexuelle Belästigung und Vergewaltigung müssen als gleichwertig betrachtet werden. Der psychische Zwang entspricht der physischen Gewalt. Es handelt sich um eine inzestuöse Vergewaltigung; der in der Hierarchie Übergeordnete, der eine Autorität innehat, verkörpert ein Elternbild.«[22] Doch verhält es sich ebenso, wenn man die neue Definition

Prozentualer Anteil der Frauen, die nach eigenen Angaben in den letzten zwölf Monaten Opfer von Gewalt in der Paarbeziehung wurden – aufgeschlüsselt nach der Situation des Paares zum Zeitpunkt der Erhebung. Die Frauen waren zwischen zwanzig und neunundfünfzig Jahre alt.[23]

Art der Gewalt	Paarbeziehung besteht noch (n = 5793)	Paarbeziehung besteht nicht mehr (n = 115)	Gesamt (n = 5908)
Beleidigungen und verbale Drohungen	4,0	14,8	4,3
– davon in wiederholten Fällen	1,6	8,1	1,8
Emotionale Erpressung	1,7	8,2	1,8
Psychischer Druck	36,5	59,4	37,0
– davon in wiederholten Fällen	23,5	52,4	24,2
– davon seelische Schikanierung (1)	7,3	27,3	7,7
Physische Angriffe	2,3	10,2	2,5
– davon in wiederholten Fällen	1,3	6,9	1,4
Vergewaltigungen und andere erzwungene Sexualpraktiken	0,8	1,8	0,9
Gewalt in der Paarbeziehung insgesamt (2)	9,5	30,7	10,0

(1) Wenn der Partner psychischen Druck in wenigstens drei Formen ausübt und davon mindestens eine häufig vorkommt.
(2) Gesamtziffer der Fälle seelischer Schikanierung, wiederholter Beleidigungen, emotionaler Erpressung sowie physischer oder sexueller Gewalt.

für Belästigung verwendet, die sich auch auf gleich gestellte Kollegen und sogar Untergebene erstreckt? Bei sexuellen Belästigungen, sagt Lepastier, zeige sich eher »das Bedürfnis, die Frau zu erniedrigen und zu demütigen, als der Wunsch, daraus Lust zu ziehen«. Doch auf die Frage: »Wie soll eine Frau gegenüber einem Belästiger reagieren?« antwortet er: »Je entschiedener sie Widerstand leistet, desto besser. Sie sollte ihn an das Gesetz erinnern: ›Das ist verboten. Ich will nicht.‹ Der Belästiger ist wie ein kleiner missratener Bengel: Man muss ihm Grenzen setzen.« Genau hier liegt nun aber der wesentliche Unterschied zwischen Belästigung und Vergewaltigung. Welche Frau könnte einem kräftigen Mann Widerstand leisten, der an einem ungestörten Ort zu einer Vergewaltigung entschlossen ist?

Der französische Anwalt Emmanuel Pierrat sieht die gleiche Analogie in der Prozesstaktik vor Gericht: »Was die sexuelle Belästigung angeht, so wird darüber in ganz ähnlicher Weise geredet wie über die Vergewaltigung. Hier wie dort sind die Argumente der Verteidigung die gleichen: Das Opfer hat die Tat provoziert, es hat davon profitiert ... Es ist frappierend, in den meisten Fällen von Sexualverbrechen oder sexuellen Vergehen – ob es sich um Vergewaltigung, Belästigung oder Kindesmissbrauch handelt – immer wieder auf identische Elemente zu stoßen: Anschwärzung der Opfer, Gefühl der Unschuld beim Täter, häufige Wiederholung der Tat.«[24]

Andere Autoren ähneln Prostitution und Vergewaltigung einander an. Die Prohibitionisten vermengen die vielfältigen Formen der Prostitution miteinander und unterscheiden nicht mehr zwischen Sklavinnen in der Hand mafiöser Zuhälter und unabhängigen Prostituierten. So behauptet etwa das Collectif féministe contre le viol (Feministisches Kollektiv gegen die Vergewaltigung): »In beiden Fällen findet eine Aneignung des weiblichen Körpers durch den Mann statt. Das System der Prostitution ist per se eine sexistische und sexuelle Gewalt, die den übrigen Formen der Gewalt gegen Frauen an die Seite gestellt werden muss: der Vergewaltigung und der Gewalt in Partnerschaften.«[25] Um ihre Behauptung zu stützen, verwies die Gruppe auf Anrufe bei Viols femmes informations, einem telefonischen Notruf für vergewaltigte Frauen, und kam zu dem Schluss, Vergewaltigung sei »das wichtigste Tor zur Prostitution, da 80 Prozent der Prostituierten in ihrer Kindheit Opfer sexueller Aggression« gewesen seien.[26] Diese Ziffer von 80 Prozent taucht bei den feministischen Propagandistinnen eines Verbots der Prostitution ständig auf, doch fast immer fehlt dabei eine entscheidende Präzisierung: nämlich dass sich dieser Prozentsatz nur auf die Anruferinnen bei den betreffenden Vereinigungen und Sozialdiensten bezieht. Aber längst nicht alle Prostituierte rufen dort an. In Wirklichkeit bemänteln die vorgebrachten Zahlen ein tendenziöses Vorurteil, nämlich die ideologische Behauptung, das Anbieten sexueller Dienstleistungen sei der äußerste Punkt weiblicher Erniedrigung und demnach identisch mit Vergewaltigung. Während die vergewaltigten Frauen zu Recht über die Demütigung klagen, die sie erlitten haben, lehnen viele Prostituierte eine solche Gleichsetzung höchst unterschiedlicher Dinge ab. Um sie zum Schweigen zu bringen, hat man für sie den Status des »absoluten Opfers« erfunden. Während sonst schon die bescheidenste feministische Wortmeldung als Kostbarkeit gilt, ist das Wort einer Prostituierten keinen Pfifferling wert. Sie wird von vornherein als Lügnerin betrachtet oder gilt als Opfer von Manipulation – eine gönnerhafte Art, sich ihrer Einwände zu entledigen, eine verächtliche Weise, sie gar nicht erst zur Kenntnis zu nehmen. Zwar wissen sich die Prostituierten lautstark gegen die Angriffe ihrer Gegnerinnen zu wehren, doch zwischen beiden Seiten herrscht Krieg.

Denn indem die Prostituierten das Bild des Opfers ablehnen, unter dem man sie begraben will, bringen sie einen Großteil der gegenwärtigen Theorien über Sexualität ins Wanken.

Statistik im Dienst einer Ideologie

Die Erweiterung des Begriffs »sexuelle Gewalt« führt natürlich zu einer Vermehrung sexueller Verbrechen und Vergehen. Man weiß, wie schwer es vergewaltigten oder von ihren Partnern geschlagenen und verletzten Frauen fällt, Anzeige zu erstatten. Man muss also paradoxerweise froh darüber sein, dass die Zahl der Strafanzeigen wegen Vergewaltigung von Jahr zu Jahr steigt, denn diese Entwicklung zeigt, dass diese Schandtat nicht mehr ungestraft bleibt. Bekannt ist aber auch, dass diese Ziffer nicht die wirkliche Anzahl der begangenen Vergewaltigungen wiedergibt. Unabhängig davon, ob der Täter ein nahes Familienmitglied ist oder nicht, braucht eine vergewaltigte Frau ungeheuren Mut, um das ganze polizeiliche und juristische Verfahren in Gang zu setzen, das heißt, die endlose Wiederholung der erlittenen Demütigung, eine jahrelange Wartezeit, einen öffentlichen Prozess auf sich zu nehmen.

Der heutige Feminismus hat der Öffentlichkeit klargemacht, was eine Vergewaltigung wirklich bedeutet, und die Opfer aus ihrer Einsamkeit und ihrem Schweigen erlöst. Das ist sein großes Verdienst. Oft finden die Opfer erst den Mut, Anzeige zu erstatten, weil es Gruppen und Vereinigungen gibt, die ihnen zuhören und Hilfe leisten.

Fast überall wird die Häufigkeit dieses Delikts unterschätzt; die radikalsten Feministinnen setzen allerdings Zahlen in Umlauf, die denn doch verwundern müssen. So behauptet Catharine MacKinnon, dass 44 Prozent der Amerikanerinnen Opfer einer Vergewaltigung oder versuchten Vergewaltigung geworden seien und dass sich die Zahl der Opfer eines Inzests mit dem Vater auf 4,5 Prozent und mit anderen männlichen Familienmitgliedern auf 12 Prozent belaufe,»was eine Summe von 43 Prozent aller achtzehnjährigen Mädchen ergibt«.[27] Abgesehen davon, dass die Berechnungen kaum nachvollziehbar sind und die Quelle der Zahlen nicht nachgewiesen wird, darf man hier mit gutem Grund eine Manipulation vermuten. Bewiesen werden soll offenbar, dass jede zweite Amerikanerin der schlimmsten Form männlicher Gewalt zum Opfer gefallen sei und dass diese Gewalt nicht die Ausnahme, sondern die Regel, die Norm darstelle. Und das wiederum soll es rechtfertigen, unsere Kultur als *rape culture* zu bezeichnen, in der Vergewaltigung ein »normales männliches Verhalten« sei.

1985 veröffentlichte das große amerikanische Frauenmagazin *Ms* eine Umfrage, die die akademische Welt in Aufruhr versetzte. Mit deren Durchführung auf dem Campus mehrerer amerikanischer Universitäten war Mary Koss beauftragt worden, eine Psychologin, die sich mit ihrem orthodoxen Feminismus bereits hervorgetan hatte.[28] Dieser Erhebung zufolge war jede vierte Studentin Opfer einer tatsächlichen oder versuchten Vergewaltigung geworden; aber nur jedes vierte Opfer bezeichnete das, was es erlebt hatte, als »Vergewaltigung«. Weiterhin hatte Koss den circa 3000 jungen Mädchen die Frage gestellt:»Haben Sie sich gegen Ihren Willen zu sexuellen Spielen bereit gefunden (Streicheln, Küssen, Berühren, nicht jedoch Geschlechtsverkehr), weil Sie von einem Mann beharrlich dazu *gedrängt* wurden?« 53,7 Prozent der Befragten bejahten und wurden sogleich als sexuelle Opfer verbucht.[29]

»Jede Vierte« galt von da an als offizielle Statistik, die in den Departments of Women Studies verkündet und von Frauenzeitschriften, feministischen Gruppen und Politikern zitiert

wurde. Susan Faludi und Naomi Wolf, zwei Stars des amerikanischen Feminismus, trugen diese Zahl wie ein Banner vor sich her. Die Ersten, die nach der Richtigkeit dieser Statistik fragten, waren Neil Gilbert, Professor an Berkeley's School of Social Welfare, und Katie Roiphe, eine junge Doktorandin in Princeton. Gilbert zeigte, dass die Fragen von Koss viel zu schwammig formuliert und die Antworten tendenziös interpretiert worden waren.[30] Er wunderte sich, dass 73 Prozent der angeblichen Vergewaltigungsopfer es ablehnten, sich als ein solches zu betrachten, und dass 42 Prozent von ihnen weiterhin sexuelle Beziehungen mit ihrem angeblichen Vergewaltiger hatten. Und er wies darauf hin, dass trotz der zahlreichen Kampagnen gegen Vergewaltigung auf dem Campus und trotz der Eröffnung von Hilfszentren im Jahr 1990 lediglich zwei Anzeigen wegen Vergewaltigung bei der Polizei erstattet wurden – damals zählte die Universität in Berkeley immerhin 14 000 Studenten. Roiphe stellte die gleichen Überlegungen für Princeton an. Es passte einfach nicht zusammen, dass die Studentinnen anscheinend von nichts anderem sprachen und es dennoch so wenige Strafanzeigen gab. »Wenn 25 Prozent meiner Freundinnen wirklich vergewaltigt worden sind, warum habe ich nie etwas davon erfahren?« fragte sich Katie Roiphe.[31] Später veröffentlichte die Sozialwissenschaftlerin ein Buch über diesen neuen viktimistischen Feminismus und sein Verständnis von Sexualität: *The Morning After. Sex, Fear, and Feminism on Campus* brachte ihr großen Erfolg in der Öffentlichkeit und den Hass der militanten Feministinnen ein. Roiphe wurde als Verräterin im Solde des Patriarchats denunziert. Auch Neil Gilbert wurde boykottiert und geschmäht. Auf dem Campus von Berkeley demonstrierten Studenten und sangen: *Cut it out or cut it off* (Schluss damit oder Schwanz ab). Einige schwenkten Transparente mit der Parole: »Kill Neil Gilbert!«[32]

Die Zweifel waren jedoch gesät, und neue Erhebungen zum Thema Vergewaltigung wurden veröffentlicht. Die *National Women's Study 1992* kam zu dem Ergebnis, dass jede achte Amerikanerin vergewaltigt worden sei, während eine Untersuchung von Louis Harris die Zahl von 3,5 Prozent ergab. Andere Studien lieferten noch niedrigere Zahlen, denen nicht die Ehre fetter Zeitungsüberschriften zuteil wurde. Offensichtlich ging es bei solchen Statistiken mehr um Politik als um Wissenschaft. Je höher der Prozentsatz, desto leichter fiel es, das Bild einer sexistischen und frauenfeindlichen amerikanischen Kultur und das Klischee der besonderen Gewalttätigkeit des amerikanischen Mannes zu propagieren.

In Frankreich kam die ENVEFF-Studie (Enquête nationale sur les violences envers les femmes in France) über Gewalt gegen Frauen zu überzeugenderen Zahlen. In dieser Untersuchung gibt die Gesamtziffer sexueller Aggressionen den prozentualen Anteil der Frauen an, die erklären, im Laufe eines Jahres mindestens einmal in der Öffentlichkeit, am Arbeitsplatz oder zu Hause Opfer unerwünschter sexueller Berührungen, einer Vergewaltigung oder versuchten Vergewaltigung geworden zu sein. Diese Ziffer belief sich im Jahr 2000 auf 1,2 Prozent der befragten Frauen; die Zahl der Vergewaltigungen lag bei 0,3 Prozent. Nach diesen Angaben wären von den 15,9 Millionen Frauen zwischen zwanzig und neunundfünfzig Jahren, die (der Volkszählung von 1999 zufolge) in Frankreich leben, in einem Jahr 48 000 vergewaltigt worden.[33] Dieses Ergebnis lässt jedoch die Vergewaltigung Minderjähriger unberücksichtigt. Außerdem sollte man nicht vergessen, dass lediglich 5 Prozent der Vergewaltigungen erwachsener Frauen zu einer Anzeige führen.

Diese Daten sind so gravierend, dass man tunlichst vorsichtig mit ihnen umgehen sollte. Man staunt daher über die Art und Weise, wie sie im *Bulletin 2002* des Collectif féministe contre le viol (Feministisches Kollektiv gegen Vergewaltigung) verwendet werden.[34] In einem optisch hervorgehobenen Textstück, das die Resultate der ENVEFF-Studie zusammenfassen soll, heißt es: »11,4 Prozent der Frauen sind wenigstens einmal im Laufe ihres Lebens Opfer einer sexuellen Aggression geworden (Berührungen, Vergewaltigungsversuch und Vergewaltigung); darunter 34 Prozent im Alter unter fünfzehn Jahren, 16 Prozent im Alter zwischen fünfzehn und siebzehn Jahren; 50 Prozent als Erwachsene über achtzehn Jahren; 8 Prozent der Frauen sind mindestens einmal Opfer einer Vergewaltigung oder eines Versuchs geworden (damit jede dritte Minderjährige).«

Woher stammen diese Zahlen, und warum findet man sie nicht in der ENVEFF-Studie über die Zwanzig- bis Neunundfünfzigjährigen? Auf welche Quellen stützen sich die Angaben für Minderjährige? Handelt es sich um eine Extrapolation, ausgehend von den Anrufen bei den Notrufzentralen des feministischen Kollektivs? Doch wenn dies der Fall sein sollte, warum wird dies nicht erwähnt, anstatt diese Prozentsätze mit denen der landesweiten Befragung von 7000 Frauen zu vermengen? Was diese Angabe von 8 Prozent Frauen betrifft, die Opfer einer Vergewaltigung oder versuchten Vergewaltigung geworden sein sollen, so ist nicht erkennbar, wie sie allein aus den Daten der Befragung errechnet wurde.

Wenn man diesen Prozentsatz akzeptiert, ist das Maß der schlechten Nachrichten jedoch noch keineswegs voll. Als vor einiger Zeit im Fernsehen eine Dokumentation zum Thema Vergewaltigung ausgestrahlt wurde – ausgehend von der authentischen Geschichte der Journalistin Marie-Ange Le Boulaire, die den Film auch gedreht hat –, konnte man in zwei Zeitungsberichten zu dieser Sendung lesen: »Jede achte Frau ist in Frankreich Opfer einer Vergewaltigung geworden«.[35]

Das sind nun nicht mehr 8, sondern 12 Prozent. Diese Ziffer findet man auch auf dem Umschlag des Buches, das die Autorin zu diesem Thema verfasst hat. Schlägt man in »Le Viol« (Die Vergewaltigung) nach, so heißt es hingegen: »Jede achte Frau hat im Laufe ihres Lebens eine sexuelle Aggression erlebt oder wird ein solche erleben.«[36] Doch nicht jede sexuelle Aggression ist eine Vergewaltigung, wie schon die Unterscheidungen der ENVEFF-Untersuchung zeigen. Man kann nicht ein unerwünschtes Begrapschen und eine Vergewaltigung auf einem Parkplatz durch einen dreiundzwanzigjährigen, mit einem Messer bewaffneten Mann auf dieselbe Stufe stellen. Obwohl gern der gegenteilige Eindruck erweckt wird, ist auch die Traumatisierung nicht die gleiche.[37] Warum also wird eine Statistik, für die zuverlässige Daten ohnehin nur schwer zu gewinnen sind, derart aufgebläht? Offenbar geht es darum, das Bild des weiblichen Opferlamms und des gewalttätigen Mannes zu dramatisieren.

Die statistischen Angaben zur sexuellen Belästigung geben Anlass zu ähnlichen Fragen. Bei der Ankündigung des schon erwähnten europäischen Gesetzes gegen solche Belästigungen erwähnte die EU-Kommissarin Anna Diamantopoulou, dass »40 bis 50 Prozent der Frauen in Europa unerwünschte sexuelle Avancen« hinnehmen müssten, »in manchen Ländern sogar 80 Prozent«.

Was hat man unter »unerwünschten sexuellen Avancen« zu verstehen? »Geraubte Küsse«, wie sie Charles Trenet und François Truffaut im Chanson und im Kino nostalgisch verklärt haben? Eine deplatzierte Geste? Ein Wort zu viel? Ein allzu tiefer Blick? Die Schwierigkeit mit diesen neuen Regeln, das erkennt Katie Roiphe ganz richtig, liegt darin, dass unerwünschte sexuelle Avancen ebenso natürlich wie auch Bestandteil der Kultur sind: »Damit eine Frau erwünschte sexuelle Aufmerksamkeit findet, muss sie selbst mancherlei unerwünschte zeigen und hinnehmen. Wenn wir niemandem erlauben würden, einen begehrlichen Blick zu riskieren, wären wir alle ziemlich einsame Geschöpfe.«[38]

Als Folge dieser Entwicklung werden alle Frauen Opfer und alle Männer Schuldige. Selbst wenn man nicht so weit gehen will wie Andrea Dworkin oder Catharine MacKinnon, nimmt die Frau allmählich den Status eines schwachen und ohnmächtigen Kindes an, eines unschuldigen Kindes – aus einer Welt, die Freuds Definition des Säuglings als »polymorph-perverses« Wesen noch nicht kannte –, eines Kindes, das von Erwachsenen unterdrückt wird, gegen die es nichts ausrichten kann. Damit landen wir wieder bei den alten Klischees aus den Zeiten des Patriarchats, als die ewig unmündigen Frauen Familienväter zu ihrem Schutz brauchten – nur dass es heute keine Männer mehr gibt, die sie schützen könnten. An die Stelle des Patriarchats, der Vaterherrschaft, ist das »Viriarchat«, die Männerherrschaft, getreten. Der Mann steht grundsätzlich unter Verdacht, und seine Gewalt ist überall. Die Kind-Frau muss bei der Justiz Zuflucht suchen wie ein Kind, das von seinen Eltern Schutz erwartet.

Was an diesem Ansatz am meisten stört, ist natürlich nicht die Verurteilung der Gewalt, die den Frauen angetan wird, sondern die Erklärung der Ursachen dieser Gewalt. Es werden nicht mehr nur die zwanghaften, bösartigen und perversen Täter angeprangert. Das Böse sitzt tiefer, denn die Hälfte der Menschheit ist davon befallen. Angeklagt wird die Männlichkeit selbst. MacKinnon und Dworkin mögen zwar behaupten, die männliche Herrschaft sei ein Effekt unserer Kultur, doch die kollektive Anklage »immer und überall« verleiht ihr etwas erschreckend Natürliches, Angeborenes und Universelles. Es gilt den Mann zu verändern, seine Sexualität, denn in ihr wurzele die Unterdrückung der Frauen im Gesellschaftssystem.

In Frankreich hütet man sich, ausdrücklich die männliche Sexualität anzuklagen[39], doch allmählich bildet sich an den Universitäten ein Konsens darüber, dass die Beziehungen zwischen Männern und Frauen als sexuelle gesellschaftliche Beziehungen anzusprechen seien und dass der letzte, eigentliche Grund des Unglücks der Frauen die »männliche Herrschaft« sei.[40] Anlässlich des Internationalen Frauentages veröffentlichten Francine Bavay, Politikerin der französischen Grünen, und Geneviève Fraisse, eine unabhängige Linke und Abgeordnete des Europaparlaments, am 8. März 2002 unter dem Titel »Die Unsicherheit der Frauen« in *Le Monde* einen Artikel, der diese Motive bündig zusammenfasst: »Die Gewalt hat ein Geschlecht«, schreiben sie, »denn Diebstähle [*vols*] wie Vergewaltigungen [*viols*] sind in erster Linie Sache der Männer ... Die Gewalt hat ein Geschlecht; sie ist Ausdruck einer Gesellschaft, die überall auf der Welt von männlicher Herrschaft geprägt ist.« Und sie führen dazu die »schlichten Tatsachen« an, die – »von der Vergewaltigung zur Steinigung, von der sexuellen Belästigung zur Prostitution, von der Beleidigung zur Verachtung« – immer nur auf dasselbe verweisen, nämlich »eine beherrschende Macht«.

Einmal abgesehen von der unzulässigen Form dieser Vorwürfe – angeklagt werden hier nicht mehr Fälle, in denen Männer ihre Macht missbrauchen, sondern auf der Anklagebank sitzt vorbehaltlos das männliche Geschlecht selbst. Auf der einen Seite steht SIE, ohnmächtig und unterdrückt; auf der anderen ER, gewalttätig, Herrscher und Ausbeuter; beide erstarrt in ihrem Gegensatz. Wie sollen sie da je wieder herauskommen?

PHILOSOPHISCHES ELEND

Der Feminismus in der Zeit *nach* Simone de Beauvoir[41] ist
buntscheckig, ja widersprüchlich. Einigkeit herrscht nur in
einem Punkt, in der Kritik an der großen Vorgängerin: Die
Beauvoir habe die Geschlechterdifferenz verkannt, die weibliche Identität geleugnet und einer abstrakten Universalität
gehuldigt, hinter der sich in Wirklichkeit nur eine partiku-
lare, nämlich männliche Universalität versteckt habe.[42] Damit habe sie unwillentlich an der Schaffung einer Illusion
mitgewirkt, die die Entfremdung der Frauen noch verschärft
habe. Mit ihrer Position habe sie die Frauen dazu gebracht,
sich ihren Herrn und Meistern anzupassen. Aus dem Wunsch
heraus, »die Differenz der Frauen auszulöschen«, hätten sich
Simone de Beauvoir und ihre Schülerinnen der Männlich-
keitsverherrlichung schuldig gemacht und seien »in die Falle
des Androzentrismus«[43] getappt, in die des männerzentrierten Weltbildes. Es fehlt nicht viel, und man hätte sie gar der
Misogynie, der Frauenfeindlichkeit, beschuldigt.

Gewiss, das Thema Weiblichkeit hat *Das andere Geschlecht*
gemieden. Richtig ist auch, dass sich Simone de Beauvoir
hartnäckig geweigert hat, die Frau durch die Mutterschaft zu
definieren. Doch es ist ein wenig zu rasch in Vergessenheit
geraten, dass sie dem biologischen Aspekt der Weiblichkeit
denjenigen Rang zugewiesen hat, der ihm zukommt: nämlich den zweiten. Und dass sie auf diese Weise die Gitter des
Gefängnisses, in das die Frauen eingesperrt waren, gesprengt
hat: nämlich die sexuellen Klischees, die traditionell mit der
allmächtigen »Natur« der Frau begründet wurden. Indem sie
die Sache der Freiheit gegen die Naturnotwendigkeit vertrat, trug sie zu jenem Mentalitätswandel bei, der schließlich
zur Anerkennung des Rechts auf Empfängnisverhütung und
Abtreibung führte. Heute ist darüber jede Feministin glück-

lich. Doch manche tun so, als wüssten sie nicht, dass dieses revolutionäre Recht endgültig den Vorrang der Kultur über die Natur besiegelt hat.

Genau hier liegt das theoretische Problem des neuen Feminismus. Wie lässt sich die weibliche Natur neu definieren, ohne in die alten Klischees zurückzufallen? Wie kann man von »Natur« sprechen, ohne die Freiheit in Gefahr zu bringen? Wie kann man den Dualismus der biologischen Geschlechter (sexes) bekräftigen, ohne mit der Festschreibung sozialer Geschlechterrollen (genres) die Frauen abermals in ein Gefängnis einzusperren? Auf diese schwierigen Fragen gibt es viele und gegensätzliche Antworten. Auch wenn die Mehrheit entschieden und lautstark jegliche Rückkehr zu einem Essentialismus ablehnt, der ein Wesen »des« Mannes oder »der« Frau annimmt, zwingt der unterstellte Dualismus heute zu einer Geistesakrobatik, die unbefriedigend bleibt. Ein bisschen Kultur und viel Natur – oder umgekehrt. Jede (oder jeder) bringt ein anderes Modell der Geschlechterverhältnisse ins Spiel, hütet sich aber, sämtliche Konsequenzen daraus zu ziehen. Es ist die Stunde bunt zusammengewürfelter Forderungen, die jedoch auch theoretisch gerechtfertigt werden müssen. Und umso schlimmer, wenn die philosophische Begründung nicht allen zusagt. So war es in Frankreich jüngst bei der Durchsetzung der Geschlechterparität in der Politik. Als es darum ging, die Aufnahme des Geschlechterdualismus in die Verfassung zu legitimieren, haben viele Anhängerinnen des Paritätsgedankens die Augen davor verschlossen, dass dieser Fortschritt mit der Aufgabe ihrer Prinzipien erkauft war.[44]

43

Naturalismus und dualistischer Gegensatz

Das allgemeine Schlagwort lautet: »Gleichheit in der Differenz«. Sie ist möglich, so sagt man uns, weil wir sie wollen. So mag die französische Anthropologin Françoise Héritier noch so sehr hervorheben, dass sich die Geschlechterdifferenz immer und überall in eine Hierarchie zugunsten der Männer übersetzt habe, dass dieses Deutungsmuster unveränderlich und archaisch sei, weil es sogar noch in den entwickeltsten Gesellschaften fortlebe;[45] sie zieht daraus gleichwohl den Schluss, dass dieses universelle Phänomen kulturell und damit veränderbar sei. Nachdem sie einen ersten Band der »unterschiedlichen Wertigkeit der Geschlechter« gewidmet hat, die sie mit dem Willen der Männer erklärt, die weibliche Fortpflanzung zu kontrollieren[46], fällt ihr nun ein paar Jahre später auf, dass sie damit das Werkzeug in der Hand hält, um dieser ewig-männlichen Herrschaft ein Ende zu setzen: »Wenn die Frauen in Unmündigkeit gehalten und um den – allein den Männern vorbehaltenen – Status rechtlich autonomer Personen gebracht wurden, damit sie sich ganz auf den ihnen aufgezwungenen Status bloß Gebärender beschränkten, so liegt die Chance der Frauen, ihre Freiheit zurückzuerobern, in der Wiedergewinnung ihrer Würde und Autonomie gerade auf diesem Gebiet. Das Recht auf Empfängnisverhütung mit all seinen impliziten Voraussetzungen – gemeinsame Übereinkunft der Partner, Recht auf selbstbestimmte Partnerwahl, Recht auf gesetzlich geregelte (und nicht bloß als einseitiger Willensakt des Mannes vollzogene) Scheidung, Verbot der Kinderheirat –, also das Recht, über den eigenen Körper zu verfügen, ist dafür der entscheidende Hebel. Denn er setzt genau an der Stelle an, wo die männliche Herrschaft entstanden ist.«[47]

Das Recht auf Empfängnisverhütung als Hebel der Befreiung der Frauen – wie soll man sich über eine derart verspätete Entdeckung nicht wundern? 1996 erwähnt Françoise Héritier am Schluss ihres Buches den Fortschritt, den die Selbstbestimmung der Frauen auf diesem Gebiet bedeutet, relativiert aber diese flüchtige Bemerkung gleich wieder mit dem Hinweis auf ausbleibende Fortschritte »im Bewusstsein und in den Repräsentationssystemen«.[48] Muss man denn daran erinnern, dass das Recht auf Empfängnisverhütung aus dem Jahr 1967 stammt, die Abtreibung 1975 legalisiert wurde und andere westliche Demokratien diese Schritte viel früher als Frankreich vollzogen haben?[49] Wenn nun aber die Frauen in der westlichen Welt seit mehr als fünfunddreißig Jahren selbst darüber bestimmen können, ob und unter welchen Umständen sie Kinder haben wollen, wie kann man dann immer noch die Universalität der männlichen Herrschaft behaupten? Liegt hier nicht eine Verwechslung vor zwischen dem historischen Phänomen der männlichen Übermacht – die dank der Empfängnisverhütung bereits angeschlagen ist – und unserer angeblich archaischen Denkweise? Françoise Héritier betont mit Recht unsere generelle Neigung, die Differenz unter dem Vorzeichen von Hierarchie und Ungleichheit zu denken, doch vielleicht hat diese Ungleichheit mit der männlichen Aneignung der weiblichen Fruchtbarkeit gar nichts zu tun.[50] Denn diese Aneignung besteht nicht mehr, und trotzdem denken wir die Differenz immer noch in Begriffen der Ungleichheit. Das könnte bedeuten, dass es schwieriger ist, sich dieser Denkkategorie zu entledigen als der männlichen Überlegenheit. Gleichheit in der Differenz ist ein Wunsch, eine Utopie, die einen beträchtlichen Fortschritt der Menschheit voraussetzen würde, und zwar nicht nur aufseiten der Männer. Wie man beobachten kann, sind Frauen nicht weniger Gefangene dieser archaischen Kategorie als Männer[51] – auch wenn sie darin nur eine legitime Verteidigung gegen das männliche *Imperium* sehen wollen.

Seit Ende der achtziger Jahre ergeht mit viel Getöse der Ruf nach dem Recht auf Differenz. Dieses neue Recht, das von sämtlichen Minderheiten, allen Gemeinschaften und selbst von Individuen beansprucht wird, ist zum neuen Schlachtross zahlreicher Feministinnen geworden. Glaubt man ihnen, so sind die Rechte der Weiblichkeit bedroht. Die vermännlichten Frauen, so lauten die Proteste gegen die »muttermörderischen Unisex-Demokratien«,[52] geben unbedacht ihre Identität, ihre Freiheiten und Werte preis. Ja, sogar von »Gynozid« ist die Rede. Die entsetzliche Unbestimmtheit der (biologischen und sozialen) Geschlechter taucht wieder auf. Obwohl man kein großes Risiko einging, als man gewahrte, dass die Geschlechterdefinitionen in Unordnung gerieten, so scheint doch die Vorstellung des einheitlichen, *per definitionem* männlichen Geschlechts einerseits und die Destabilisierung des sozialen Geschlechterdualismus andererseits Erschrecken hervorzurufen. Wehe über das EINE und das VIELFÄLTIGE!

Die Pionierin unter den französischen Feministinnen, die sozialistische Abgeordnete und ehemalige Umweltministerin Antoinette Fouque, sah sich genötigt, die Frauen wieder zur Räson zu bringen, indem sie ein Buch schrieb mit dem Titel: *Es gibt zwei Geschlechter*. Die französische Philosophin Sylviane Agacinski erinnerte daran, dass »das Ideal der Reduktion der Differenz oder, wie man gesagt hat, des ›Verschwindens der Geschlechter‹ eine totalitäre Phantasie darstellt, die auf die Vereinheitlichung der Individuen abzielt. Nichts wäre schlimmer als der Alptraum einer Gesellschaft von Gleichen, die durch ebendiese Gleichheit aller Konflikte enthoben wären.«[53]

Bliebe nur noch zu definieren, worin die schönen Differenzen liegen, die uns von den Männern unterscheiden, während das, was die Männer auszeichnet, starr und unveränderlich, wie in Marmor gemeißelt scheint. Der Mann gibt vor, sich weiterzuentwickeln, ändert sich jedoch kein bisschen. Jedem Vorstoß der Frauen begegnet er mit neuen Herrschaftstechniken.[54] Vom Höhlenmenschen bis in die Gegenwart – der Mann bleibt sich gleich. Deshalb kehrt man zu Mutter Natur und den Wurzeln zurück. Antoinette Fouque erinnert uns an unsere mütterliche Größe (und Pflicht?), die vom Erzfeind stets unterschätzt und unterschlagen wird. Es sei höchste Zeit, dieser Asymmetrie und diesem Vorrecht der Frauen, das sie ihren Partnern unendlich überlegen macht, zu gebührender Anerkennung zu verhelfen. Es sei die Gebärfähigkeit, die der Frau ihre Menschlichkeit, Großzügigkeit und moralische Überlegenheit verleihe.

Wie schon um einiges früher die französisch-belgische Feministin Luce Irigaray, so sieht auch Antoinette Fouque das Heil im Paar Mutter-Tochter: »Die Erneuerung des spezifischen Bandes zwischen Mutter und Tochter ist der Versuch, die Festung des Einen zu schleifen, des Monotheismus, des ›Es gibt nur einen Gott‹ und der Monodemokratie. ... Es ist der Versuch, die Perversion einer Welt sichtbar zu machen, die uns das Patriarchat aufzwingt. ... Ich glaube, dass diese weibliche Übertragung von Praktiken, Fertigkeiten und Fähigkeiten von der Mutter auf die Tochter und auf die Mutter ... vielleicht mit etwas anderem als dem alten Modell schwanger geht ... Frauen haben eine Fähigkeit anderer Art, die Fähigkeit zu einem aktiven Halten, Umfassen, Zusammenhalten (*contenance*), das mit der Schwangerschaft zusammenhängt.«[55]

Diese Äußerungen verhehlen nicht den Willen, erneut einen auf Gegensätzlichkeit beruhenden Dualismus einzuleiten:»Die Schwangerschaft einer Frau ist die einzige natürliche Erscheinung, bei der von einem Körper – und damit von einer Psyche – ein fremder Körper angenommen wird. Sie ist das Vorbild aller Verpflanzungen.«[56] Die Frauen (Mütter) sind also mit einer»Aufnahmefähigkeit« und mit körperlichen Eigenschaften versehen, die von den meisten Männern verkannt werden.[57] Stellt sich die Frage, ob man darüber lachen oder weinen soll.

Ein solcher Ansatz, der die Biologie zum festen Sockel der Geschlechtertugenden und -rollen macht, verurteilt die Männer ebenso wie diejenigen Frauen, denen die Erfahrung der Mutterschaft fehlt. Das Urteil über die Männer ist selbstverständlich unwiderruflich. Doch lesen wir auch, dass sich Virginia Woolf nicht umgebracht hätte, wenn sie Mutter gewesen wäre, und dass Lou Andreas-Salomé wegen ihrer »Scheu vor der Fortpflanzung« Mystikerin geblieben sei. Und was ist mit den Lesbierinnen, mit den unfruchtbaren Frauen und all denen, die nicht Mutter werden wollen? Sie werden daraus die gebotenen Schlüsse ziehen müssen.

Auch für Sylviane Agacinski, die Ehefrau des französischen Ex-Premierministers Lionel Jospin, ist die Mutterschaft – mehr noch als die Erfahrung der Sexualität – der Anker der weiblichen Identität.»Es gibt eine Art Geschlechtsbewusstsein, das mit der Erfahrung der Fortpflanzung einhergeht.«[58] Doch die Philosophin zieht daraus keine ethischen Konsequenzen. Sie wirft die Frage nach der wechselseitigen Abhängigkeit der beiden Geschlechter und nach den Auswirkungen der Geschlechterdifferenz auf die Identität, besonders bei der Zeugung, auf. In ihren Augen ist die gegenseitige Abhängigkeit von Mann und Frau natürlich. Es sei evident, dass»die Menschheit *von Natur aus* heterosexuell ist«, dass die menschlichen Wesen»im Allgemeinen vom Begehren des anderen erfüllt und von diesem anderen abhängig sind, um sich fortzupflanzen ... Das ausschließliche Interesse für das gleiche Geschlecht ist zufällig, eine Art Ausnahme, die – selbst wenn sie häufig vorkommt – die Regel bestätigt.«[59] Agacinski folgert, dass man den Unterschied der Geschlechter nicht mehr denken könne,»wenn sie nicht mehr voneinander abhängig wären, wenn sie sich trennten und wenn man nicht mehr dem Begehren des anderen, sondern des gleichen Geschlechts begegnete, das man heute Homosexualität nennt.« Konsequenterweise lehnt sie es ab,»das Vorbild des gemischten (heterosexuellen) Elternpaares aufzugeben, denn die Filiation, die rechtliche Abstammung, muss auf den zweifachen natürlichen Ursprung gestützt bleiben.«[60]

Der Dualismus Mann/Frau verdoppelt sich hier um einen Dualismus Homo-/Heterosexualität. Nun kann man die natürliche Verankerung der Letzteren mit gutem Grund bezweifeln; Freud hat uns gelehrt, dass die Heterosexualität ein ebenso heikles Konstrukt ist wie die Homosexualität. Auf jeden Fall kehrt hier ein kruder Naturalismus wieder, wenn man zur Lösung der philosophischen Frage der Identität und der politischen Frage der Geschlechterbeziehungen auf Biologie und Anatomie zurückgreift. Dieser Rekurs hat den unvergleichlichen Vorteil der Einfachheit und Evidenz, wenn er nicht gar das einigende Band unter den Theoretikerinnen des Feminismus darstellt. Nach Jahrzehnten der Infragestellung und der Dekonstruktion tritt der von der»Meinung« so gehätschelte »gesunde Menschenverstand« wieder in seine Rechte ein.

Der Begriff der männlichen Herrschaft

Seit dreißig Jahren macht der feministische Diskurs unaufhörlich Jagd auf die»männliche Herrschaft«. Überall ist sie versteckt: in den Institutionen, im privaten und beruflichen

Alltag, in den sexuellen Beziehungen und im Unbewussten. Und diese männerzentrierten Strukturen sind umso gefährlicher, als sie im Verborgenen wirken. Wie manche Viren wandelt die männliche Herrschaft ständig ihre Gestalt. Kaum glaubt man sie erledigt zu haben, schon reproduziert sie sich in veränderter Form. Nie haben die Männer die materiellen und sexuellen Vorrechte aufgegeben, die ihnen die Herrschaft über die Frauen gewähren.

Von den Pionierarbeiten einer Nicole-Claude Mathieu,[61] Colette Guillaumin[62] oder Christine Delphy[63] bis zu jüngsten Männerstudien[64] verkünden die Soziologen und Anthropologen, die sich mit den Geschlechterbeziehungen beschäftigen, unisono, dass »das männliche Geschlecht das hegemoniale und vorherrschende« ist.[65] Dem französischen Soziologen Daniel Welzer-Lang zufolge ist heute die Existenz der männlichen Herrschaft eine evidente Tatsache: Inzwischen bestehe – »um die Beziehungen zwischen Männern und Frauen als soziale Geschlechterverhältnisse« zu bestimmen – Einigkeit darüber, »dass der gesamte Bereich des Sozialen durch ein und dieselbe Symbolik zweigeteilt ist, die den Männern und dem Männlichen die vornehmeren Funktionen und den Frauen und dem Weiblichen Aufgaben und Funktionen von geringerer Wertigkeit zuweist. Diese Teilung der Welt, diese Kosmogonie auf der Grundlage des Geschlechts (genre) wird durch vielfältige und verschiedenartige Formen der Gewalt aufrechterhalten und geregelt. Diese Formen reichen von männlicher Gewalt in der Familie über Gewalt am Arbeitsplatz bis hin zu Vergewaltigungen in Kriegen. All dies dient dazu, die Macht zu bewahren, die sich die Männer kollektiv und individuell zum Nachteil der Frauen angeeignet haben.«[66] Es gilt also diese männliche Herrschaft zu bekämpfen, so wie man Rassismus und Faschismus bekämpft.

Hier drängen sich nun mehrere Fragen auf. Wenn die männliche Herrschaft und die Gewalt, auf der sie beruht, so universell sind, wie behauptet wird, woher soll dann die Erlösung kommen? Von den Männern, die sich als Feministen bezeichnen? Was schlagen sie ihresgleichen vor, um ihrer Lage als Ausbeuter ein Ende zu setzen? Eine kollektive Bewusstwerdung mit anschließender Selbstkritik? Doch kann das eine Umwälzung der Einstellungen, Verhaltensweisen und vor allem der Institutionen bewirken? Die Schwierigkeit resultiert daraus, wie das Übel benannt wurde. Gewiss hütet man sich, in diesem Zusammenhang von der männlichen *Natur* zu sprechen, weil dann jede Hoffnung auf Veränderung aussichtslos und in diesem Fall keine andere Lösung möglich wäre als eine kaum vorstellbare strikte Trennung zwischen Männern und Frauen. Doch der Anspruch dieser Aussagen auf universelle Gültigkeit lässt die traditionelle Männlichkeit zu einer metaphysischen »Wesenheit« erstarren. Der als liberal geltende Vorsteher der Moschee von Bordeaux, Tareq Oubrov, zieht daraus den Schluss, dass »die männliche Herrschaft ... eine Tatsache« sei, und erläutert diese »›transkulturelle Invariante‹« mit »einem unaufhebbaren Unterschied, dem berühmten Y-Chromosom«.[67]

Doch wenn man diese Erklärung nicht mitmacht – worauf ist diese sich in ihrer Herrschaft einkapselnde Männlichkeit sonst zurückzuführen? Für die einen entspringt sie der ewigen Eifersucht des Mannes auf die Fortpflanzungsfähigkeit der Frau; für die anderen hängt sie mit der Sexualität zusammen. Den radikalen amerikanischen Feministinnen zufolge ist die Erektion das Symbol männlicher Macht und der Penis eine Waffe, derer sich der Mann bedient, um die Frau zu besitzen und zu erniedrigen. Wieder andere sehen schließlich in der Männlichkeit die Quelle sozialer Vorteile. Man konstatiert, dass die – mit Kapitalisten gleichgesetz-

ten – Männer gegenüber den – mit Proletarierinnen vergli-
chenen – Frauen nur an unwesentlichen Punkten von ihrer
Macht abrücken, um auf diese Weise das Wesentliche desto
besser bewahren zu können. Folgt man dem französischen
Soziologen François de Singly,»so kann man behaupten, dass
sich die männliche Herrschaft unter dem Deckmantel der
›Neutralisierung‹ verschärft hat. Der Untergang der Macho-
Männer ist eine trügerische Tatsache. Man könnte sagen,
dass die Klasse der Männer lediglich deshalb ein Territorium
aufgegeben hat, um der Offensive der Klasse der Frauen
desto besser Widerstand zu leisten. Sie haben verloren, was
allen – Frauen wie Männern – als das männliche Terrain *par
excellence* erschien, doch alle übrigen Gebiete, auf denen sie
ihre Vorherrschaft ausüben, erfolgreich verteidigt.« Und als
Beleg führt Singly »die Techniken der Selbstbehauptung«
an,»die so ›neutral‹ sind wie Wissenschaft, Informatik und
Politik«.[68]

Liest man solche Äußerungen, so siegt die Resignation.
Die männliche Herrschaft wäre dann nicht nur»transkultu-
rell«, sondern ewig. Trotzdem weigern sich manche, mutlos
die Arme sinken zu lassen. Ohne so weit zu gehen wie der
feministische Aktivist John Stoltenberg, der als Lösung das
Ende der Männlichkeit und den»Verzicht darauf, ein Mann
zu sein«,[69] propagiert, setzen manch andere ihre Hoffnung
auf Pädagogik und Psychoanalyse. Terry Kupers, amerikanischer Psychiater und Aktivist der National Organization
for Man Against Sexism (NOMAS), schlägt vor,»Macht in einer Weise neu zu definieren, die es den Männern erlaubt,
sich mächtig zu fühlen, ohne deshalb sexistisch zu sein«.[70]
Daniel Welzer-Lang zieht seinerseits die von Michael Kimmel, dem Sprecher der NOMAS, präferierte Lösung vor:
»Die Männer sollten die Machtlosigkeit (*impuissance*) erlernen«.[71]

Es bleibt ein doppeltes Unbehagen, an der Diagnose wie an der vorgeschlagenen Arznei. Die Pessimisten mögen sagen, was sie wollen: Die Lage der Frau in der westlichen Welt hat sich erheblich verändert, und das Verhalten der Frauen ebenso. Sollten die Männer hingegen der einzige entwicklungsunfähige Teil der Menschheit sein? Wäre also der Mann etwas unveränderlich Seiendes?

Angesichts einer solchen verallgemeinerten Gegenüberstellung zweier Blöcke kommt Unbehagen auf: hier die Klasse der Frauen, dort die Klasse der Männer. Gerät man damit aber nicht wieder in die Falle des Essentialismus, den doch gerade die Feministinnen so sehr bekämpft hatten? Es gibt nicht *die* Männlichkeit, sondern eine Vielfalt von Männlichkeiten, ebenso wie es eine Vielfalt von Weiblichkeiten gibt. Binäre Kategorien sind gefährlich, weil sie die Komplexität des Realen zugunsten vereinfachender und einengender Schemata auslöschen. Unbehagen stellt sich auch gegenüber der Verurteilung eines Geschlechts als Ganzem ein – ein Vorgehen, das sich fast schon als sexistisch bezeichnen lässt. Schließlich kommt auch Unbehagen auf gegenüber dem Willen zur »Umerziehung« der Männer, die fatale Erinnerungen weckt. Die ausgesprochene oder unausgesprochene Parole »Den Mann verändern« (statt »Gegen das besitzergreifende Verhalten mancher Männer kämpfen«) geht auf eine totalitäre Utopie zurück. Die Demokratie der Geschlechter, auch wenn sie niemals vollkommen sein wird, lässt sich lediglich Schritt für Schritt erstreiten.

Am Ende kann man sich fragen, ob der vereinfachende und alles über einen Kamm scherende Begriff der »männlichen Herrschaft« nicht ein begriffliches Hindernis ist. Dieses Konzept soll auf etwas »ganz anderes« verweisen und hindert doch nur daran, die Komplexität, Veränderlichkeit und Entwicklung des Geschlechterverhältnisses zu denken. Gerade weil er alles zu fassen, auf alles zu passen scheint und dabei Männer und Frauen in zwei einander entgegengesetzte Lager sperrt, verwehrt er jede Aussicht darauf, die Geschlechter in ihrem wechselseitigen Einfluss aufeinander zu begreifen und ihre gemeinsame Zugehörigkeit zur Menschheit zu ermessen.

Das Schwarzweiß-Denken

Der dualistische Gegensatz hat eine neue Geschlechterhierarchie zur Folge, von der man sich doch zu lösen vorgab. Indem das herrschende Geschlecht mit dem Bösen, das unterdrückte mit dem Guten gleichgesetzt wird, tritt an die Stelle der bekämpften Hierarchie der Macht eine moralische Überlegenheit. Verschärft wird diese Ersetzung durch den veränderten Status, der dem Opfer zugesprochen wird, zumal dann, wenn das Opfer ein Kind ist.

In den neunziger Jahren und insbesondere nach der Affäre Dutroux (im Jahr 1997 in Belgien) wurde die Pädophilie endlich als ein allzu lange im Verborgenen gebliebenes Verbrechen wahrgenommen. Jeder war aufgerufen, nicht länger die Augen zu verschließen und sich nicht zum Komplizen solch ruchloser Taten zu machen. Liest man die damalige Presse, so muss man den Eindruck gewinnen, die Anzahl von Kinderschändungen habe plötzlich enorm zugenommen. Nicht eine Woche verging, ohne dass ein Lehrer, Erzieher oder Priester verhört worden wäre. Es entwickelte sich eine regelrechte Psychose, die sich gegen jeden richtete, der von Berufs wegen mit kleinen Kindern in Kontakt stand. Damals, am 26. August 1997, gab die französische Unterrichtsministerin Ségolène Royal einen Erlass bekannt, der alle Lehrenden an eine Verpflichtung erinnerte, die bereits im Strafgesetzbuch steht: »Hat ein Schüler einem Angehörigen des staatlichen Erziehungswesens Tatsachen anvertraut, deren Opfer er geworden zu sein behauptet, ist es die Pflicht dieses Erziehers, *unmittelbar* und *direkt* den Staatsanwalt zu benachrichtigen.«[72] In den 20-Uhr-Fernsehnachrichten erschien die Ministerin höchstselbst, um den Text zu erläutern. Die Öffentlichkeit nahm zur Kenntnis, dass Lehrer zur Denunziation verpflichtet sind, weil das Wort des Kindes heilig ist. Im Verlauf einer Fernsehsendung verkündete Ségolène Royal mehrfach: »Das Kind sagt die Wahrheit.«[73] Verschiedene Kinderpsychiater verbreiteten sich darüber in der Presse, und ein Kinderschutzverein verlangte sogar, dass eine »Glaubwürdigkeitsvermutung zugunsten des Kindes«[74] im Gesetz verankert werde. Damit würde nicht nur die Volksweisheit »Kindermund tut Wahrheit kund« als Rechtsmaxime wiederbelebt, sondern die weiter gehende Auffassung, *dass das Opfer immer Recht hat*, zur Evidenz erklärt. »Die herrschende Meinung suggeriert, dass das Opfer zwangsläufig die Wahrheit sagt, eben weil es das Opfer ist«, betont der französische Psychiater Paul Bensussan.[75]

Vom Kind zur Frau ist es nur ein kleiner Schritt. Schließlich handelt es sich bei beiden um unschuldige und hilflose Opfer des aggressiven und alles beherrschenden Mannes. Unmerklich kommt zu der Vorstellung, das Opfer – so auch das weibliche – habe immer Recht, der Gedanke hinzu, es verkörpere das von der Macht des Bösen bedrohte Gute. Dieses Schwarzweiß-Denken führt zu zweierlei Konsequenzen, die beide vom Differenz-Denken übernommen werden.

Die erste, radikale Folgerung ist der Aufruf zum Separatismus. Die Wissenschaftlerin Liliane Kandel arbeitet bei ihrer intensiven Analyse der Texte des »weiblichen Nationalismus« – jenes Phänomens, das »seit jeher einen festen Bestandteil der feministischen Bewegung darstellt« – die unausgesprochenen ontologischen und moralischen Voraussetzungen dieses Denkens heraus.[76] Wie bereits die amerikanische Aktivistin Ti-Grace Atkinson zu Beginn der achtziger Jahre kritisierte, unterstellt diese Strömung »eine Gleichartigkeit des weiblichen Denkens, Fühlens und Könnens, welche die Gesamtheit der Frauen zu einer Einheit werden lässt, die sich von der der Männer radikal unterscheidet, so dass sich mit diesen auch keine gemeinsame Basis herstellen lässt«. In einem Text von 1989 lässt Luce Irigaray an dem Gegensatz zwischen Männern und Frauen und der Idealisierung der Frauen keinen Zweifel. »Das Volk der Männer führt überall und immer mit gutem Gewissen Krieg. Sie sind traditionell Fleisch-, manchmal auch Menschenfresser. Also müssen sie töten, um zu essen, und die Natur mehr und mehr unterwerfen.«[77] Wie anders ist doch das Volk der Frauen dank seiner mütterlichen Tugenden! Dieser Feminismus, der mit Radikalökologen und Vegetariern gemeinsame Sache macht, empfiehlt daher: »Die Frauen werden als Bürgerinnen das Recht haben, ihr Leben und das *ihrer* Kinder zu verteidigen, *ihre* Wohnstätten, *ihre* Traditionen, *ihre* Religion – und zwar gegen alle einseitigen Entscheidungen der männlichen Rechtssprechung. … Die Medien, wie das Fernsehen, werden geteilt und zur Hälfte den Bedürfnissen der Frauen angepasst.« Und etwas weiter kommt Irigaray zu dem Schluss: »Weibliche Bürger machen die Hälfte der Menschheit aus. Die Frauen müssen deshalb eine bürgerliche Identität mit all den Rechten erhalten, die zu dieser Identität gehören.«[78] Mit anderen Worten, es gilt ein Rechtssystem zu schaffen, das auf »besonderen, für die Gruppe der Frauen spezifischen Rechten« gründet. Hinter der Forderung nach dem Recht auf Differenz zeichnet sich die nach einer Differenz der Rechte ab.

Eine andere Strömung des weiblichen Nationalismus, die

schon 1970 im Gründungsmanifest des Mouvement de libération des femmes (Befreiungsbewegung der Frauen, MLF)
hervortritt, bringt einen weiteren Aspekt des feministischen
Schwarzweiß-Denkens zum Ausdruck. Wenn sich die Frauen
zur »subversiven Gruppe par excellence« erklären und versichern:»Wir sind das Volk!« (nämlich das wahre Volk der
Proletarier), so übernehmen sie damit »eine nahezu messia-
nische Aufgabe, die früher dem bewaffneten Volk oder dem
Proletariat zukam: nämlich die Revolution durchzuführen,
alle Unterdrückung zu beseitigen und die Geburt einer
neuen Menschheit zu ermöglichen.«[79]

Man irrte, sähe man darin ein bloß archaisches Überbleibsel von 1968. Die Sprache mag zeitbedingt sein, doch das von
ihr transportierte Denken ist keineswegs tot. Wenn man annimmt, dass von den Männern nichts zu erhoffen ist, weil sie
sich von ihrer Herrschaftskultur nicht lösen können, so kann
die Erlösung nur von den Frauen kommen, den von Natur
aus gütigen und friedlichen Opfern der Männer.

Jüngst bekam man in Frankreich ein weiteres Beispiel dieses Schwarzweiß-Denkens vorgeführt. Im Verlauf der Debatte um die Geschlechterparität in der Politik, die sich von
1992 bis 1999 hinzog, kam eine Reihe von Themen wieder
zu Ehren, die man für längst überholt gehalten hätte. Zu Beginn wurde die Parität als ein nahezu technisches Mittel präsentiert, mit dem der geradezu lächerliche Anteil von Frauen
in den Parlamenten und Delegiertenversammlungen erhöht
werden sollte.[80] Die vorgeschlagene Lösung – die Hälfte der
Sitze für die Hälfte des Himmels – hatte den Vorzug der Einfachheit und einer gewissen statistischen Eindeutigkeit. Von
Differenz-Denken oder weiblicher Natur war noch keine
Rede.

Es waren die Politikerinnen jeglicher Couleur, die verrä-
terisch zu plaudern begannen, als es um Parität noch gar nicht

ging. Die französische Soziologin Mariette Sineau hatte 1984/85 etwa vierzig von ihnen interviewt, und die meisten betonten ihren »Sinn fürs Menschliche«: »Eine größere Bereitschaft, anderen zuzuhören und für andere offen zu sein, eine beharrlichere Präsenz vor Ort … werden auch jetzt schon den Frauen zugeschrieben, die auf der politischen Bühne stehen.«[81] Nach 1992 rechtfertigten andere bekannte Politikerinnen die Geschlechterparität mit Hinweis auf die besonderen weiblichen Qualitäten. Der französischen Politikerin Simone Veil zufolge sind Frauen »weniger auf ihren persönlichen Ehrgeiz bedacht; sie wollen handeln, zu konkreten Ergebnissen kommen. Sie sind risikofreudiger, weniger förmlich … und legen entschlossen ein kühnes Tempo vor, um eine Sache zu einem guten Ende zu bringen.«[82] Unterstellt wird, dass die Männer nichts anderes als ihren persönlichen Ehrgeiz im Kopf haben, auf Resultate pfeifen und keine Courage haben.

Denselben Ton schlägt die ehemalige Ministerin der Regierung Jospin, Martine Aubry, an, der zufolge Frauen fester mit beiden Beinen auf der Erde stehen, weil sie »mehr am Handeln als an der Macht interessiert« seien. Von ihnen sei daher zu erwarten, dass sie »eine andere Art Politik machen, konkreter, näher an den Menschen«.[83] Das ist auch die Meinung von Elisabeth Guigou, Nachfolgerin von Martine Aubry, die lang und breit die Tugenden der feministischen Aktivistinnen – »mutig, zäh, der Sache ergeben« – aufzählt sowie die Eigenschaften der Frauen, die Macht ausüben, bei denen stets ihr Idealismus ihren Ehrgeiz überwiege, die »immer ein wenig rebellisch« seien[84] und es verstünden, eine gewisse Distanz zur Macht, zum Apparat und zum Zeremoniell zu wahren. Mit einem Wort, sie sind unendlich viel sympathischer als ihre männlichen Kollegen. Elisabeth Guigou geht jedoch noch einen Schritt weiter und benutzt Argumente des feministischen Differenzdenkens, zumal solche von Antoinette Fouque, die sie davon überzeugt hat, dass wegen der weiblichen Fortpflanzungsfähigkeit eine unaufhebbare Differenz zwischen den Geschlechtern bestehe. Sie schließt deshalb:»Wir müssen anerkennen, dass es zwei Geschlechter gibt ... Das ist der erste Schritt zu einer symbolischen Differenzierung: zwei Geschlechter, zwei Arten, die Welt zu betrachten«[85] – und also zwei Arten, Politik zu betreiben.

Gewiss hat das Schwarzweiß-Denken, das in den Argumenten mancher Kämpferinnen für die Geschlechterparität hervortritt, nicht die provokanten Züge des Separatismus. Doch durch die ständig wiederholten Behauptungen, dass Frauen weniger kriegerisch, weniger selbstgefällig, konkreter, mehr um andere besorgt, dem Kampf um Leben und Freiheit stärker verpflichtet seien, tritt gleichsam als Umkehrbild ein zur Karikatur verzerrtes Porträt des Mannes hervor. Insgeheim hat das Mutterideal wieder die Bühne erobert, um die moralische Überlegenheit der Frauen über die Männer und ihre positive Diskriminierung zu legitimieren. Und das, ohne Widerspruch bei anderen Befürworterinnen der Geschlechterparität hervorzurufen, die diese Argumentation ablehnen.

All diese Diskurse, die seit mehreren Jahren im Schwange sind, schufen die Vorstellung, Frauen seien chronisch die moralischen Überlegenen, die »Guten« schlechthin. Die Frau verkörpert zugleich das Opfer einer männlichen Gesellschaft und den mutigen kleinen Soldaten, der die von den Männern verursachten Schäden ausbessert und flickt. Ein Artikel der französischen Journalistin Christine Clerc, der den Titel »Courage, les ravadeuses!« (Lasst Euch nicht unterkriegen, Ihr fleißigen Flickerinnen!) trägt[86] veranschaulicht dieses Bild perfekt:»Die Männer, die in Regierung und Parlament in der erdrückenden Mehrheit sind, verfassen Gesetzestexte, die ihren Namen tragen, und verletzen sie (sic) selber in großer Zahl ... Die Frauen hingegen kümmern sich nicht nur in Tausenden von Institutionen und Initiativen um Alte, Kranke, Ausgeschlossene, Gewaltopfer, Jugendliche und Flüchtlinge.« Frauen, die in politische Ämter gewählt wurden, leisten gewissermaßen Sozialarbeit:»Sie wachen über alles und alle ... Und nehmen dabei oft große Risiken auf sich.« Und so rühmt die Autorin in bunter Reihe den Mut von Jacqueline Fraysse, der Bürgermeisterin von Nanterre, die Zivilcourage der weiblichen Abgeordneten von Agen, Straßburg, Beauvais und Amiens, ganz zu schweigen von Paris, wo eine Frau, Anne Hidalgo, in die erste Reihe vorgerückt ist, als Bürgermeister Bertrand Delanoë im Jahr 2001 Opfer eines Messerstichs wurde und für einige Monate in seinem Amt ausfiel. Hut ab! Und Dank der siegreichen Stopfgarn- und Flickzeugbrigade!

Courage, Opferbereitschaft, Hingabe sind die Tugenden der guten Mutter, welche die Laster und Triebe des bösen Vaters *per definitionem* nicht besitzt. Schaut man jedoch genauer hin, entdeckt man eine uneinheitlichere und komplexere Wirklichkeit, als der dualistische Gegensatz vorgibt. Im Jahr 2000 nannte die offizielle Statistik die Zahl von 83 800 gefährdeten Kindern.[87] Am 8. Dezember 2002 stellte der für die Alten zuständige Minister fest, dass 800 000 von ihnen misshandelt werden. Werden Kinder und Alte nur der Obhut von Männern überlassen?

Gedankliche Mixturen sind kein gutes Erkenntnisinstrument. Und kollektive Verurteilung eines Geschlechts ist ein Fall von sexistischer Ungerechtigkeit. Wer die Gewalt zum traurigen Vorrecht der Männer macht, Normales und Pathologisches vermengt, wird falsche Diagnosen stellen und deshalb kaum die rechte Arznei verordnen.

2

AUSLASSUNGEN

JEDER POLITISCHE AKTIVISMUS STÖSST früher oder später auf ein Problem: Er darf die Komplexität der Wirklichkeit nicht unterschätzen.

Neuere Berichte aus Frankreich und den EU-Ländern über häusliche Gewalt gegen Frauen nennen alarmierende Zahlen, die im Vergleich noch erschütternder wirken. Nach einer Veröffentlichung des Europarats im Jahr 2002 wird jede fünfte Frau in Europa ein Opfer von Gewalt;[1] in den meisten Fällen ist der Angreifer ein Familienmitglied. Häusliche Gewalt ist danach »noch vor Krebserkrankungen, Verkehrsunfällen und sogar Krieg« die häufigste Ursache von Tod und Invalidität. In Frankreich sterben jeden Monat sechs Frauen an den Folgen von Gewalt in der Partnerschaft. In Spanien wird beinahe wöchentlich eine Frau von ihrem Mann oder Lebensgefährten getötet. »Der Terrorismus in Paarbeziehungen hat im letzten Jahr dreimal so viele Opfer gefordert wie die Attentate der ETA.« Die ENVEFF-Studie nennt die Zahl von 1 350 000 Französinnen, die im Jahr 2001 Opfer häuslicher Gewalt geworden seien, das sind 10 Prozent der Frauen; in Spanien soll die Ziffer bei zwei Millionen liegen, also bei 11 Prozent der weiblichen Bevölkerung. Ohne nähere Präzisierungen ist die Rede von Morden, von geschlagenen Frauen und gewalttätigen Ehemännern. Wie wir sahen, umfasst der

Begriff der Gewalt – zumindest in der französischen Studie – sowohl physische Angriffe als auch psychischen Druck, der den überwiegenden Teil der Gewalt in der Paarbeziehung ausmacht. Folgt man der Einschätzung der Psychologen, so sind wiederholte psychische und verbale Gewaltäußerungen ebenso destruktiv wie physische Angriffe. Liest man diese Statistiken, muss man an eine neue Epidemie männlicher Gewalt glauben. Es bestünden demnach kaum Unterschiede zwischen Europa und den am weitesten zurückgebliebenen Kontinenten – den flüchtigen oder von der natürlichen Bösartigkeit männlicher Wesen ohnehin überzeugten Leser muss die Verzweiflung packen. Dennoch stellen sich mehrere Fragen. Da in sämtlichen europäischen Ländern die Scheidung zugelassen ist, warum greifen dann so viele weibliche Opfer psychischer Pressionen nicht auf dieses Mittel zurück?[2] Warum packen sie nicht einfach die Koffer? Als naheliegende Antwort bietet sich die materielle Not an: Zumindest Mütter wären demnach außerstande, für ihre Bedürfnisse und die ihrer Kinder finanziell aufzukommen. Freilich erfahren wir aus dem Bericht des Europarats, dass »Armut und fehlende Ausbildung keine signifikanten Faktoren darstellen; das Vorkommen häuslicher Gewalt scheint sogar mit dem Einkommens- und Bildungsniveau zuzunehmen«. Eine niederländische Studie, die in der Untersuchung des Europarats angeführt wird, behauptet sogar, dass fast alle Männer, die gegen Frauen gewalttätig wurden, einen Universitätsabschluss erworben haben. Das heißt natürlich nicht, dass auch die Opfer einen solchen besäßen, aber man wundert sich doch über die Passivität derer, die ihrem Peiniger entfliehen könnten, es aber nicht tun.[3] Paradoxerweise findet man die Antwort bei den geschlagenen Männern; wir kommen gleich darauf zurück.

Wenn man im Übrigen liest, dass jährlich 50 000 Französinnen vergewaltigt werden, dass 41 000 Spanierinnen im Jahr 2001 gegen gewalttätige Ehemänner Klage erhoben haben, dass in Griechenland jeder vierte Mann zwischen fünfundzwanzig und fünfunddreißig Jahren seine Partnerin mindestens einmal geschlagen hat, dann stellt sich die Frage, wie solche gewalttätigen Männer zu charakterisieren sind. Handelt es sich um Psychopathen? Sadisten? Schufte? Oder muss man vielmehr annehmen, dass Gewalt und der Wille zur Macht dem männlichen Geschlecht als Definitionsmerkmal innewohnt? Mit anderen Worten, ist die männliche Gewalt eine pathologische Erscheinung oder nur die unkontrollierte Äußerung eines Triebs, der allen Männern eigen ist?

DAS UNDENKBARE

Die juristischen Statistiken zeigen, dass die Prozentsätze männlicher und weiblicher Gewalt ziemlich stabil sind. 86 Prozent der wegen vorsätzlicher Tötung und wegen Körperverletzung Verurteilten sind Männer.[4] Das Verhältnis ist derart asymmetrisch, dass es nur wenige Psychologen und Psychoanalytiker gibt, die sich für die Gewalttätigkeit von Frauen interessieren. Bei den Feministinnen ist das Thema tabu. Alles, was die Überzeugungskraft des Begriffs männlicher Herrschaft und des Bildes vom weiblichen Opfer beeinträchtigen könnte, bleibt undenkbar und ungedacht. Ist dennoch davon die Rede, dann stets nach dem gleichen Schema: Erstens ist weibliche Gewalt statistisch bedeutungslos; zweitens ist sie stets nur die Antwort auf männliche Gewalt; drittens ist sie legitim. Frauen, die Gewalt ausüben, sind nach Sylviane Agacinski »stets Revoltierende, Widerstandskämpferinnen, Revolutionärinnen, manchmal auch Terroristinnen: Ihre Gewalt ist im Allgemeinen Gegengewalt. Abgesehen von solchen Zusammenhängen haben die Kriminologen festgestellt, dass ein Mann, der eine Frau – zumeist die eigene – tötet, auch wenn er sie liebt, nur eine Tendenz zur Aneignung des anderen ins Extrem treibt, während eine Frau, die tötet, in den meisten Fällen einen Prozess der Befreiung vollendet.«[5] Die gleiche Erklärung findet sich bei Françoise Héritier[6] sowie bei dem politisch aktiven Soziologen Daniel Welzer-Lang, den es nach eigenen Worten »wütend« macht, wenn »die Unterdrückung der Frauen und die Erfahrung von Männern einander symmetrisch gegenübergestellt werden: die von Frauen erlittene Gewalt und die paar wenigen Frauen, die oft aus Rache oder Verzweiflung gegen ihre Partner gewalttätig wurden«.[7] Aufschlussreicher noch ist der von Cécile Dauphin und Arlette Farge herausgegebene Sammelband mit dem Titel *De la violence et des femmes* (Von der Gewalt und den Frauen).[8] Die Einleitung macht darauf aufmerksam, dass dieses Thema für Feministinnen schmerzlich ist und »die Beschäftigung damit manchen Leserinnen vielleicht unverantwortlich scheint, weil sie der ›Sache der Frauen‹ schaden und die notwendige Anprangerung der Gewalt gegen Frauen relativieren könnte«. Von den zehn Beiträgen aus der Feder renommierter feministischer Historikerinnen und Universitätsdozentinnen behandelt im Grunde kein Einziger das Thema an und für sich.[9] Manche sprechen überhaupt nicht darüber; die Rede ist nur von männlicher Gewalt, aus der sich die Gewalt der Frauen ergebe.

So erinnert der Artikel der französischen Historikerin Dominique Godineau über »Bürgerinnen, Aufwieglerinnen und Furien der Guillotine«[10] zwar an das peinliche Schweigen der prorevolutionären Tradition zu diesem Thema sowie an den sehr deutlichen Eindruck von weiblicher Gewalt, den man bei der Lektüre der Archive gewinnt; und dennoch bemüht sich die Autorin, deren Bedeutung abzuschwächen. Zunächst weist sie darauf hin, dass die archivierten Dokumente der Repression von Polizisten, also Männern, geschrieben wurden; man darf also annehmen, dass deren Wahrnehmung »zum Teil Übertreibungen oder Verzerrungen« aufweist. Sodann war die Gewalt der Frauen vor allem eine verbale. Sie haben die Männer zum Aufruhr angestachelt. Und sind nicht auch ihre »Wutschreie« und ihr »grausames Gezeter«, deren man sie 1795 anklagte, Äußerung einer »erlittenen sprachlichen Gewalt«? Ihr Verhalten bei Hinrichtungen ist nichts weiter als ein »Ausdruck von barbarischer Freude und Gefühlsüberschwang« angesichts des Symbols der Allmacht des Volkes gegenüber seinen Feinden. »Für die Frauen, die von der legalen Gewalt (Nationalgarde, Revolutionstribunale usw.) ausgeschlossen sind, ist die Anwesenheit bei einer Exekution eines der wenigen Mittel, über die sie verfügen, um sich der Macht des Volkes zu versichern und symbolisch an ihr teilzuhaben.«

Dominique Godineau hat eine politische Deutung der Frauengewalt in der Französischen Revolution vorgelegt. Sie wollte gegen das Bild einer besonderen weiblichen Grausamkeit ankämpfen. Am Schluss ihres Artikels scheint sie es fast zu bedauern: »Meine Absicht war es nicht, alles Schroffe abzuschleifen und die Revolutionärinnen allzu zivilisiert, in allzu mildem Licht erscheinen zu lassen. Die revolutionären Frauen waren durchaus gewalttätig. Sie haben geschrien. Sie haben ihren Feinden den Tod versprochen, haben dieses Gelöbnis manchmal erfüllt und sind als Zuschauerinnen gekommen. Sie haben Angst erzeugt. Wie die anderen.« Dieses »wie die anderen« ist das Interessanteste daran, doch man erfährt darüber nichts.

Tatsächlich fällt es schwer, weibliche Gewalt zu denken – nicht nur aus politischen Gründen (vielleicht ist Gewalt doch nicht bloß Sache *eines* Geschlechts?), sondern weil sie das weibliche Selbstbild gefährdet. So wundert sich die französische Philosophin Monique Canto-Sperber darüber, dass ein Selbstmordattentat von einer Palästinenserin, also einer Frau begangen wurde, und zieht vier Gründe für ihr Erstaunen in Erwägung: »Liegt es daran, dass die entsetzliche Vorstellung eines Todes, bei dem man sich selbst zerfetzt, noch unerträglicher wird, wenn ihm ein weiblicher Körper zum Opfer fällt? Liegt es daran, dass ich mir eine Gewalt, die sich unterschiedslos gegen andere wie gegen das eigene Selbst richtet, bei einer Frau nur schwer vorstellen kann? Stelle ich mir vor, dass eine Frau mehr Mitleid für das konkrete Leid ihrer Opfer empfindet als ein Mann? Oder glaube ich, dass Frauen realistischer sind, weniger fanatisch, weniger anfällig für den Rausch der ›gerechten Sache‹?«[11]

Drei der aufgezählten Vermutungen beruhen auf der Überzeugung eines Wesensunterschieds zwischen Männern und Frauen. Von Natur aus oder auch aufgrund kultureller Prägung stehen Frauen der Gewalt ferner als Männer. Unter diesem Postulat stehen die meisten zeitgenössischen Arbeiten über Gewalt. Statistisch gesehen dürfte sich die Frage der weiblichen Gewalt und des Machtmissbrauchs durch Frauen eigentlich nicht stellen. Und dennoch dürfen wir dieses Thema an dieser Stelle nicht ausklammern.

DIE GEWALT DER FRAUEN

Sowohl in der Geschichte wie auch im Alltag bleibt die weibliche Gewalt weitgehend im Verborgenen. Nicht dass es sie nicht gäbe: Die Zeitungen erwähnen regelmäßig Gewalttaten, die von Frauen begangen wurden. Sie ist lange Zeit schlicht ignoriert oder unterschätzt worden. Das gilt beispielsweise für die Beteiligung von Frauen an den beiden grausamsten Völkermorden des 20. Jahrhunderts, die in Nazideutschland und in Ruanda stattfanden.[12] Und das gilt ebenso für die Akteurinnen von Gewalttaten, über die die Presse unter »Vermischtes« berichtet, Fälle, die eher Verwunderung wecken als nachdenklich machen.

Gewalt in der Geschichte

Auf die Frage nach der Beteiligung von Frauen an der Durchführung des Völkermords sind wir anlässlich eines bemerkenswerten Sammelbands zu Ehren der international anerkannten Germanistin und Historikerin Rita Thalmann gestoßen.[13] In ihrer Einleitung unter dem Titel »Femmes, féminismes, nazisme ou: On ne naît pas innocent(e), on le devient« (Frauen, Feminismen, Nationalsozialismus, oder: Man wird nicht unschuldig geboren, man *wird* es) weist Liliane Kandel darauf hin, dass die deutschen Feministinnen und Historikerinnen das Thema fast vierzig Jahre lang nahezu vollständig gemieden haben. Sie betont, dass es »Historikerinnen, Forscherinnen oder aktiven Feministinnen unbestreitbar schwer fällt, solche Fragen anzuschneiden ... Oder, genauer gesagt, sie *unter diesem Titel* zu behandeln«.[14] Dennoch fanden etwa zwanzig von ihnen, Französinnen und Deutsche, den Mut, sich nicht auf die Aktivitäten der Widerstandskämpferinnen oder die weiblichen Opfer des Nationalsozialismus zu beschränken, sondern die verstörende Frage nach dem »Ausmaß der Zustimmung und nach den Formen der aktiven oder passiven, offenen oder verdeckten, punktuellen oder anhaltenden Beteiligung«[15] der Anhängerinnen des Regimes zu stellen. Mit einem Wort: den Mut, in die »Grauzonen« des Feminismus einzudringen.

Dabei zeigt sich nun, dass die vorherrschende Idee,

»Frauen [seien] an dem politischen Unternehmen der Nazis nicht beteiligt gewesen oder [hätten] sich nicht kompromittiert«, nicht zu halten ist. Man entdeckt, wie die arischen Frauenrechtlerinnen ihre »schwesterlichen« Beziehungen zu ihren befreundeten jüdischen Mitstreiterinnen abbrachen. Man erkennt, dass Frauen sich an der systematischen Ausbeutung, Beraubung und Denunziation der Juden in Deutschland effektiv und bewusst beteiligt haben. Und schließlich findet man, dass es auch Frauen gab, die in Worten und Taten unmittelbar an dem System der Verfolgung teilnahmen: Frauen in der SS, Intellektuelle und Universitätsangehörige wie die Ärztin und Biologin Agnes Bluhm, die ohne Zögern das Hitlerregime unterstützte. Unter »Hitlers willigen Vollstreckern«[16] befand sich auch eine große Anzahl von Frauen. Kurz, das Buch räumt mit dem Mythos der weiblichen Unschuld auf, den die deutsche Historikerin Claudia Koonz so zusammenfasst: »Die Männer waren Nazis und die Frauen unschuldig.«

Ausgehend von dem Buch *Judasfrauen* der Psychotherapeutin und Schriftstellerin Helga Schubert[17] schlägt die französische Soziologin Nicole Gabriel eine interessante Typologie für Denunziantinnen im »Dritten Reich« vor.[18] Sie unterscheidet Frauen, die »aus staatsbürgerlichem Pflichtgefühl«, aus Treue zum Regime handelten; diejenigen, die »Ordnung schaffen« und mit ihrem Verhalten private Konflikte zum eigenen Vorteil regeln wollten; und solche, die aus triebhafter Leidenschaft handelten, weil sie in der Schädigung anderer einen libidinösen Genuss zu finden hofften. Diese letzte Kategorie muss unsere Aufmerksamkeit finden, weil sie ein Motiv ans Licht bringt, das man bei Frauen nicht vermutet, nämlich Sadismus. Indem der Nationalsozialismus eine Reihe zivilisatorischer Hemmschwellen beseitigte, insbesondere das Verbot physischer Gewalt, diente er als »Ventil für ein bestehendes Aggressionspotenzial. Die Aggressivität konnte sich in dem Genuss am gewalttätigen Schauspiel oder in der aktiven Teilnahme daran äußern«,[19] auf der Straße etwa, beim Einschlagen von Schaufensterscheiben oder dem Verprügeln von Leuten. Denunziation ist bei beiden Geschlechtern die Waffe der Schwachen, denn sie erlaubt es, gänzlich ungestraft »mit Worten zu töten«. Nicole Gabriel spricht daher zu Recht von einer Freisetzung sadistischer Impulse.

In einer Studie über die SS-Frauen[20] legt sich die Soziologin Gudrun Schwarz die Frage vor, welchen Anteil diese an der Verfolgung und Vernichtung hatten, je nachdem, ob sie Ehefrauen, Töchter oder Schwestern von SS-Mitgliedern waren, dem weiblichen Korps der SS angehörten oder als Lageraufseherinnen in Aktion traten. Im Koblenzer Archiv fanden sich Spuren der Letzteren. Ihre Anzahl belief sich auf 3817 im Jahr 1945, das sind 10 Prozent des Aufsichtspersonals. Diese Aufseherinnen leisteten ihren Dienst in Frauen-Konzentrationslagern ebenso wie in den Vernichtungslagern wie Auschwitz-Birkenau und Lublin-Majdanek. An der Spitze jedes Lagers stand ein SS-Kommandant, doch die Aufseherinnen übten direkte Autorität über die weiblichen Häftlinge aus. Da sie für die tagtäglichen Schikanierungen und die Quälereien der Gefangenen verantwortlich waren, hatten sie das Recht, während des Dienstes eine Feuerwaffe zu tragen. Sie verkörperten die Macht. Sie nahmen auch an der Selektion der Häftlinge teil, wie sie später vor Gericht selbst zugaben. In Auschwitz und Majdanek waren diese Frauen wegen ihrer Brutalität und ihres Eifers gefürchtet:»Sie dienten unmittelbar einem mörderischen Unterdrückungssystem und sorgten für ein reibungsloses Funktionieren der Vernichtungsmaschinerie.« Eine Überlebende des Konzentrationslagers Groß-Rosen in Niederschlesien (Polen) erklärte

71

als Zeugin:»Es waren die deutschen Zivilistinnen, die uns schlugen. Die SS-Aufseherinnen hatten nichts dagegen. Sie schlugen uns und quälten uns, wie sie nur konnten.« Gudrun Schwarz schließt ihren Aufsatz mit dem lakonischen Hinweis, dass die Rolle der SS-Frauen trotz des umfangreichen Aktenmaterials niemals als solche untersucht worden sei,»weder im Rahmen von Frauenstudien noch im Rahmen der geschichtswissenschaftlichen Erforschung der SS«.[21]

Noch schwieriger ist es, herauszufinden, welchen Anteil die Frauen in Ruanda an dem Genozid von 1994 tatsächlich hatten. Unter den 120000 Personen, die wegen Völkermords angeklagt waren, befanden sich 3564 Frauen. Gewiss, das sind nur 3,5 Prozent, und für eine historische Aufarbeitung scheint es noch zu früh. Aber ist das Schweigen der Medien, das sich um diese Frauen hüllt, nicht verblüffend? Eine bemerkenswerte Ausnahme gibt es immerhin: einen fünfseitigen Artikel der Sonderkorrespondentin des Magazins *Elle*, Caroline Laurent.[22] Sie traf jene sich in Schweigen hüllenden Hutu-Frauen, denen von der Justiz vorgeworfen wurde, Angehörige der Tutsi-Gemeinschaft»ausgeplündert, denunziert, gefoltert, verraten, zu deren Vergewaltigung aufgestachelt und sie getötet« zu haben. Angeklagt wurden sie von Entronnenen und»Zeugen, die von Messerstichen berichteten, von Vergewaltigungen, kollektiven Massakern in Kirchen sowie von der Jagd auf Männer, Frauen und Kinder«, an denen sich diese Frauen beteiligt hatten. Der Vorsitzenden der Vereinigung der Witwen des April-Genozids (AVEGA) zufolge, deren Mann von einer Nachbarin denunziert wurde und für immer verschwand, waren Frauen daran »massiv und entscheidend« beteiligt, und diese Beteiligung war von den Ideologen des Genozids genau vorausgeplant worden, weil ihre sinistren Pläne sonst keinen Erfolg gehabt hätten. So finden sich Intellektuelle, Ärztinnen, Professorinnen, Nonnen, Familienmütter und Bäuerinnen unter den Mördern.»Ohne Teilnahme der Frauen hätte es nicht so viele Opfer gegeben.« Bestätigt wird diese Auffassung von dem *African-Rights*-Bericht, der auf Zeugenaussagen von Geretteten fußt und die Überschrift trägt:»Weniger unschuldig als es scheint: Wenn Frauen zu Mörderinnen werden.«

Caroline Laurent gibt in ihrem Artikel zahlreiche Zeugenaussagen wieder, eine grausamer als die andere, und befragt dazu Serban Ionescu, den Leiter des Instituts für klinische Psychologie und Psychopathologie der Universität René-Descartes in Paris, der gegenwärtig den Völkermord in Ruanda aufarbeitet. Er beschwört das Klima äußerster Spannung und Furcht, das von den Drahtziehern des Genozids gefördert wurde, um die Hutu zum Kampf gegen die Tutsi zu manipulieren. Er berichtet, dass Frauen wie Männer durch Mechanismen der Identifizierung mit dem Angreifer, also durch Gruppenphänomene, aufgestachelt worden seien. Wie die Männer hätten dabei auch die Frauen»ihre Menschlichkeit verloren«. Der Grund dafür, dass es so schwer falle, sich weibliche Gewalt in solchem Ausmaß vorzustellen, sei»ein soziales Klischee, das mit der Idealisierung der Frauen zusammenhängt und das die Vorstellung enthält, nur Männer könnten solche Handlungen begehen. Wir weigern uns, so etwas zu denken, weil es eine unerträgliche Vorstellung ist, dass Frauen so etwas tun. In Wirklichkeit gibt es aber ein Potenzial weiblicher Gewalt. Man sieht es an der Beteiligung von Frauen an Kindestötungen oder sexuellem Missbrauch. Im Kontext von Ruanda, wo der Genozid planmäßig in Szene gesetzt wurde, fällt die massive Beteiligung von Frauen an solchen Handlungen keineswegs in den Bereich des Unvorstellbaren.«[23]

Schließlich wird man sich erinnern, dass im Jahr 2003 die erste Verurteilung einer Europäerin wegen Verbrechen gegen die Menschlichkeit ausgesprochen wurde. Am 27. Februar verurteilte der Internationale Strafgerichtshof in Den Haag die ehemalige Präsidentin der bosnischen Serben, Biljana Plavsic, wegen ihrer maßgeblichen Rolle bei der serbischen Politik der ethischen Säuberung während des Bosnienkriegs (von 1992 bis 1995) zu elf Jahren Gefängnis.

Gewalt im Alltag

Aber nicht nur in Zeiten außergewöhnlicher Gewalt können Frauen töten, demütigen, foltern.[24] Keineswegs töten sie lediglich aus enttäuschter Liebe oder um sich gegen einen brutalen Ehemann zu verteidigen, sondern auch aus Eigennutz oder Sadismus. Unter den pathologischen Ausnahmen von der allgemeinen Regel nehmen solche Frauen sozusagen einen normalen Platz ein. Dennoch entwickelt sich offenbar seit etwa zehn Jahren ein Phänomen, das Beunruhigung und ungläubiges Staunen hervorruft: die Zunahme der Gewalt bei weiblichen Jugendlichen.

Das Jahr 2002 war reich an vermischten Meldungen, in denen sehr junge Mädchen die Hauptrolle spielten. Im März wurde eine Vierzehnjährige von zwei Gleichaltrigen gefoltert, die erst von ihr abließen, als sie das Mädchen für tot hielten. Die Verletzungen: gebrochene Handgelenke, eine eingeritzte Kehle, Messerstiche in den Bauch, ein entstelltes Gesicht. Im Mai verurteilte das Schwurgericht des Departements Haute-Garonne Clémentine und Sandrine, beide zweiundzwanzig Jahre alt, die einen neunzehnjährigen Studenten entführt, beraubt, ausgepeitscht, gewürgt und leblos liegen gelassen hatten, das Ganze unter dem Kommando eines grausamen vierzehnjährigen Mädchens. Im August machte ein junger Mann von neunzehn Jahren, der drei Wochen lang in Châteaurouge als Gefangener gehalten wurde, ein wahres Martyrium durch (Schläge, abgerissene Teile der Ohren, gebrochene Nase, Verbrennungen auf dem Körper, mehrfache Vergewaltigungen); unter den Tätern, einer Bande aus dem Randgruppenmilieu, befanden sich zwei Mädchen. Am 25. November, dem Internationalen Tag gegen Gewalt an Frauen, veröffentlichte *Libération* zwei Kurzmeldungen.

In Rouen wurden drei junge Frau zwischen achtzehn und vierundzwanzig Jahren zu zwei Monaten Gefängnis auf Bewährung beziehungsweise vier Monaten ohne Bewährung verurteilt, weil sie einen Omnibusfahrer beleidigt, bespuckt und geschlagen hatten. In Vitrolles malträtierten drei Frauen eine Zwanzigjährige mit Fußtritten und Faustschlägen sowie Verbrennungen durch Zigaretten, bevor sie sie zehn Minuten lang in der Stadt nackt zur Schau stellten und an die Haustüren trommelten, um die Aufmerksamkeit auf ihr Opfer zu lenken. Im Januar 2003 verletzte ein sechzehnjähriges Mädchen seinen Mathematiklehrer mit einem Messerstich in den Oberschenkel ...

Im September 1998 schrieb die Journalistin Sophie Coignard für das Magazin *Le Point* eine Reportage über die Gewalttätigkeit junger Mädchen.[25] Anlass war wiederum eine Zeitungsmeldung: Weibliche Jugendliche zwischen zehn und sechzehn Jahren hatten, ehe sie auf frischer Tat festgenommen wurden, rund fünfzig Personen angegriffen: alte Damen, Gleichaltrige, aber auch einen durchaus kräftigen erwachsenen Mann. Die Rede ist von »Brutalität« und »Bestialität«. »Dennoch«, kommentierte Sophie Coignard, »ist die speziell weibliche Gewalt in den Städten noch immer tabu, obwohl sämtliche lokalen Verantwortlichen darin ein anwachsendes Phänomen sehen. Eine Studie des Inlandsnachrichtendienstes *Renseignements généraux* vom Juli 1997 stellt eine steigende Anzahl von Delikten fest, die von Mädchen begangen werden, die sich aus ganz ähnlichen Gründen prügeln wie Jungen: verletzte Ehre, Kleidungsdiebstahl, Rivalität in Liebesangelegenheiten, Erpressung von Schutzgeldern bei anderen Mädchen. Die Polizeipräfektur von Marseille schätzt den Anteil solcher Straftaten auf 1,78 Prozent im Jahr 1997 und 2,43 Prozent im Jahr 1998.«

Solche Zahlen sind im Vergleich mit der Straffälligkeit männlicher Jugendlicher lächerlich gering, aber möglicherweise dennoch zu niedrig angesetzt, wenn man manchen Experten glauben darf. So weist Philippe Melchior, Direktor des Institut des hautes études de sécurité intérieure (Forschungsinstitut für Innere Sicherheit, IHESI), darauf hin, dass »die Strafbarkeit ein und derselben Handlung geringer eingeschätzt wird, wenn sie ein Mädchen und nicht ein Junge begangen hat«. Die Brutalität junger Mädchen mache die Fachleute »ratlos und fassungslos«.[26] Wegen unserer jahrhundertealten Vorurteile, erklärt Sophie Body-Gendrot, Professorin für Politische Wissenschaften an der Sorbonne und Spezialistin für Stadtpolitik, »haben wir alle eine Zeit lang gebraucht, bis wir erkannt haben, dass Kinder furchtbar gewalttätig sein können, weil das Bild der Kindheit immer noch mit Unschuld verknüpft ist«.[27]

Diese Feststellung gilt auch für Kanada. Die Statistiken des Jahres 2000 zeigen einen bemerkenswerten Anstieg der Gewalt junger Frauen im vergangenen Jahrzehnt. Auch wenn Gewaltdelikte in der Adoleszenz überwiegend immer noch von jungen Männern begangen werden (der Anteil der weiblichen Täter beträgt nur ein Drittel), ist die Zahl der jungen Frauen, die wegen Gewaltdelikten angeklagt wurden, in diesem Zeitraum um 127 Prozent gestiegen, die entsprechende Zahl junger Männer dagegen »nur« um 65 Prozent.[28] Die gleiche Bilanz in den USA und England. Dem kanadischen Bericht zufolge unterscheiden sich zwar die Formen der Gewalttätigkeit bei Jungen und Mädchen erheblich voneinander, doch die Risikofaktoren sind vergleichbar: frühere Vorkommnisse von Gewalt und Aggression in der Familie, Lernschwierigkeiten, psychische Probleme und geringes Selbstvertrauen. Im Übrigen betont der Bericht:»Es gibt keinen Grund für die Annahme, dass weibliche und männliche Jugendliche unterschiedliche Motive für aggressives und gewalttätiges Verhalten hätten. *Die Neigung zu Gewalt und Aggression ist bei jungen Männern nicht unbedingt größer.* Bildung und Milieu sind für Jugendkriminalität offenbar bessere Indikatoren als das Geschlecht.«[29] Gleichwohl kann man feststellen, dass es in manchen Stadtvierteln die männlichen Jugendlichen sind, die eine auf physischer Kraft beruhende und von brutalem *machismo* geprägte Hierarchie durchsetzen, die den jungen Mädchen keine andere Wahl lässt, als ihrerseits mit Aggressivität zu reagieren.»Der weibliche *machismo*«, bemerkt Eric Debardieux, Direktor der Europäischen Beobachtungsstelle für Gewalt an Schulen (Observatoire européen de la violence scolaire),»ist ohne jeden Zweifel eine Widerstandsform gegen die männliche Herrschaft.«[30] Wie anders sollen sie sich gegen die tagtägliche Gewalt der »Obermacker« und deren verbale, physische und sexuelle Aggressionen zur Wehr setzen?

Mit diesem wohlbekannten Fall reaktiver Gewalt gegen männliche Aggressivität ist das Problem der weiblichen Straffälligkeit jedoch nicht erschöpft. Meistens greifen Mädchen andere Mädchen oder Frauen an. Eine Art Emanzipation, meinen manche Experten wie der französische Sozialforscher Philippe Melchior:»In gewissem Sinne ist es normal«, sagt er,»dass die Mädchen im Hinblick auf Aggressivität gleichziehen. Dass sich die Gewalt der Mädchen vor allem im schulischen Rahmen äußert, an dem einzigen Ort, wo sie die formelle Gleichheit der Geschlechter erfahren, ist insofern nur konsequent: Sie drohen mit dem Messer, erpressen Schutzgelder und attackieren die Lehrer ebenso wie die Jungen. So gewinnen sie eine Identität, welche die Merkmale unserer Gesellschaft aufweist.«[31] Andere sehen darin den Beweis, dass unsere Gesellschaft vom Modell der männlichen Herrschaft geprägt ist, der sich die Mädchen unterwerfen. Doch wenn das zuträfe, wäre die Gewalt der (männlichen oder weiblichen) Jugendlichen nicht weitgehend auf die besonders kulturell und sozial verelendeten Wohnviertel beschränkt. Im Grunde ist doch eher dieses Elend mit seinen schweren psychischen Begleiterscheinungen die Hauptquelle all der Frustrationen, die ihrerseits Gewalt erzeugen. In einer Gesellschaft, die nur nach dem ökonomischen Erfolg und dem persönlichen Vorankommen urteilt, sind solche Enttäuschungen für Jungen größer als für Mädchen, doch werden sie in unserer Gesellschaft, die ja ebenso die Gleichheit der Geschlechter proklamiert, zunehmend auch von den Mädchen erfahren. Man kann also darauf wetten, dass unter dem doppelten Druck der sozialen und sexistischen Frustration – beides ist nicht unbedingt das Gleiche – die Gewalttätigkeit der Mädchen weiter zunehmen wird.

Gewalt in der Paarbeziehung

Angeblich wird diese Form der Gewalt nur von Männern ausgeübt. Es gehört daher zu den Überraschungen der oben erwähnten Studie des Europarats, dass die Opfer häuslicher Gewalt auch Männer sein können. Nach einer offiziellen deutschen Statistik sind es in 5 bis 10 Prozent der Fälle Frauen, die auf ihren Mann einprügeln. In Berlin wurde deshalb das erste Haus für geschlagene Männer eröffnet.[32]

Während man im Ausland hier und dort Hinweise zu diesem Thema findet, tut man in Frankreich so, als ob das Phänomen nicht existierte. Die ENVEFF-Studie bezieht sich ausschließlich auf Gewalt an Frauen, und noch niemand ist auf die Idee gekommen, ähnliche Fragen Männern zu stellen. Ohne Fragen gibt es auch keine Antworten, und das völlige Schweigen über dieses Thema erschwert es den »misshandelten Männern« noch mehr, sich Gehör zu verschaffen. Schon der Begriff ruft bestenfalls Staunen hervor, häufiger Zweifel, wenn nicht gar offene Heiterkeit. Heute, nach einem langen Kampf, finden misshandelte Frauen Unterstützung bei speziellen Hilfsorganisationen und größere Aufmerksamkeit auch bei der Polizei. Nichts dergleichen gilt für die Männer. Einerseits sind die Verletzungen, die sich Männer und Frauen jeweils zufügen, offenbar unterschiedlich schwerwiegend; bis heute weist die Statistik keinen einzigen männlichen Toten infolge häuslicher Gewalt auf. Andererseits scheint der Ausdruck »geschlagener Mann« etwas Paradoxes zu enthalten. Im kollektiven Unbewussten – nicht nur von Feministinnen – gebrauchen oder missbrauchen Männer ihre Kraft gegen Schwächere oder schützen sie. Man stellt sie sich nie auf der Seite der Opfer vor, so wenig wie Frauen auf der Seite der Täter und Verfolger.

Dass solche Fälle so unglaublich scheinen, hängt nicht nur mit der geringen statistischen Anzahl geschlagener Männer zusammen. Sie rufen das gleiche Befremden hervor wie die Frauen, die sich von ihrem Tyrannen befreien könnten und es nicht tun.[33] Da Männer gewöhnlich kräftiger sind als Frauen, glaubt man zu Recht oder zu Unrecht, sie könnten der Gewalttätigkeit ihrer Partnerin stets Einhalt gebieten. Wenn sie es nicht tun, dann wohl aus Feigheit oder Masochismus. Beides weckt in der Öffentlichkeit kein Mitleid.

Trotzdem sind die Motivationen der einen wie der anderen komplexer, als man glaubt. Ein Interview mit drei geschlagenen Männern[34] liefert dafür eine Erklärung, die auch für viele Frauen in der gleichen Situation zutrifft. Geschlagen zu werden bedeutet eine Erniedrigung, die ein menschliches Wesen, gleich welchen Geschlechts, psychisch desintegriert. Es schämt sich, die Erniedrigung zuzugeben, also auch, sich jemandem anzuvertrauen, und neigt deshalb dazu, alles zu verschleiern und sich aufzugeben. Hervé, vierzig Jahre, erlebt dieses Martyrium seit vier Jahren: Fußtritte, Faustschläge, Stöße mit dem Knie. Er geht mit blauem Auge oder aufgeschlagener Stirn zur Arbeit. Hervé erzählt, dass seine kleine Tochter ihn mit einem Spielzeug verletzt habe. Christian, dreiunddreißig Jahre, berichtet, dass für ihn kein Tag ohne Gewalt vergangen sei. Ein falsches Wort, eine Frage, und er bekommt eine Ohrfeige von seiner Lebensgefährtin. Nachdem er mehrfach mit einem Bügeleisen oder einem Hammer bedroht worden ist, wagt er nicht mehr, sich zur Ruhe zu legen, weil er befürchtet, er werde im Schlaf erschlagen. Als er eines Tages, zum Äußersten gereizt, seinerseits mit Gewalt reagiert, verklagt ihn seine Partnerin wegen Körperverletzung. »Ich als Mann war nicht fähig, Anzeige zu erstatten«, gibt Christian zu Protokoll.

Nach dem Muster geschlagener Frauen scheinen solche Männer lange zu hoffen, die Sache werde sich schon wieder einrenken. Ebenso wie viele Frauen fühlen sie sich auf rätselhafte Weise an ihren Verfolger gebunden. Doch anders als jene verfügen sie über Körperkräfte, die sie schützen könnten und die sie selten einsetzen.

Die ENVEFF-Studie schätzt die Anzahl der Frauen, die physische Aggressionen vonseiten ihres Partners erleiden, auf 2,5 Prozent. Es fällt schwer, eine Ziffer für die geschlagenen Männer zu nennen, weil sie schweigen.[35] Doch es läge im Interesse aller, diese Zahl zu kennen – nicht weil männliche Opfer die männlichen Täter von ihrer Schuld reinwüschen, sondern weil Männer und Frauen einander nicht so unähnlich sind, dass man sie in zwei heterogene Klassen einordnen müsste. Die Gewalttätigen – gleich welchen Geschlechts, auch wenn sie bei den Männern erheblich zahlreicher sind – zeigen eine Fehlanpassung, andere würden sagen: eine Bösartigkeit, die in den Bereich des Pathologischen fällt. Mit ihren schweren psychischen Defiziten, die sich unter dem Einfluss von Alkohol oder Drogen noch verschlimmern, können sie keinesfalls die Norm verkörpern, auch wenn das Pathologische vom Normalen nie weit entfernt liegt. Männer und Frauen erliegen dieser Pathologie, weil Gewalt zum Menschen gehört. Man lernt mehr oder weniger gut, sie in Bahnen zu lenken, doch es bleiben Enttäuschungen und Konflikte nicht aus, die unseren Respekt vor Verboten auf eine harte Probe stellen. Die im besseren Fall verbale und im schlimmeren Fall tätliche Gewalt entzieht sich unserer Kontrolle.

Dennoch leben die französischen Männer und Frauen in ihrer großen Mehrheit friedlich zusammen, und wenn sie sich trennen, tun sie es auf zivilisierte Weise. Nicht ohne Mühe und Konflikte, doch ohne Gewalt. Wenn die Behandlung von Konflikten das eigentliche Kennzeichen der zivilisierten Menschheit ist, der männlichen und der weiblichen, so ist es eine gefährliche Utopie, so zu tun, als könne man Konflikte ausrotten. In der Paarbeziehung, zwischen Partnern gleichen oder verschiedenen Geschlechts, sind Spannungen oder psychische Pressionen kaum zu vermeiden. Entweder übergeht man sie schweigend, oder man bringt sie mit Worten ans Licht, auf die Gefahr hin, dass sich Gereiztheit in Wut steigert. Doch es wäre falsch, wollte man der verbalen Gewalt Einhalt gebieten, indem man sie mit der physischen gleichsetzte. Was man dagegen auch sagen mag: Verletzungen mit Worten sind von anderer Natur als Verletzungen durch Schläge. Sprache ist eine Waffe, die beiden Geschlechtern gleichermaßen zur Verfügung steht und die es manchmal verhindern kann, sich zu physischer Gewalt hinreißen zu lassen. Wer verbale Ungerechtigkeit zum Schweigen bringen will, muss Zornesäußerungen verbieten. Gewiss kann man von einer sanften und selbstbeherrschten Menschheit träumen, die schon den Sinn des barbarischen Wortes Gewalt nicht mehr verstünde. Einstweilen bleibt jedoch das verbale Duell oder ein heftiger Krach in den meisten Fällen das beste Mittel, Spannungen abzubauen und einen Konflikt zu beenden. Entweder indem man ihn löst – oder weil man einsieht, dass er nicht zu lösen ist.

Der Machtmissbrauch

Traditionell ist »Machtmissbrauch« eine Männerdomäne. Als Inhaber der finanziellen, politischen, moralischen und religiösen Macht, von der physischen ganz zu schweigen, haben Männer – bis hin zur Tyrannei – die Macht gebraucht und missbraucht. In der Politik hat man die Demokratie und das Prinzip der Gewaltenteilung erfunden, mit denen Missbrauch eingedämmt, wenn auch nicht völlig beseitigt werden kann.

Innerhalb der Paarbeziehung ist die Teilung der Macht heikler, denn hier beruht die demokratische Gewaltenteilung vor allem auf Liebe und Achtung des anderen. Dennoch hat sich innerhalb von fünfzig Jahren die Situation des Paares in den westlichen Ländern enorm verbessert. Seitdem die Frauen massenhaft in die Arbeitswelt eingetreten sind, verfügen sie über die Voraussetzungen für eine Unabhängigkeit, die ihren Müttern noch unbekannt war. Auch wenn diese Autonomie für die Schwächsten unter ihnen noch nicht gefestigt ist, ist die Arbeit für die Frau ebenso unentbehrlich wie für den Mann. Sobald sie ihn nicht mehr zum Überleben braucht, kann sie auch glaubhaft mit Trennung oder Scheidung drohen.

Trotzdem löst die finanzielle Selbständigkeit nicht alle Machtprobleme. Es gibt andere, subtilere, geheimere Abhängigkeiten, die vielleicht schwieriger zu meistern sind, zum Beispiel die sexuelle, emotionale oder psychische Abhängigkeit. In diesem Fall hat ein Partner den anderen in der Hand und glaubt ihm sein Gesetz und seine Launen aufzwingen zu können, ohne Gegenwehr fürchten zu müssen. Doch auch wenn häufig der gegenteilige Eindruck erweckt wird, ist diese psychische Macht nicht ihrem Wesen nach männlich, so wenig wie ihr Missbrauch. Je nach den Umständen einer Paarbeziehung kann sie oder er dominieren, kann sie oder er in der abhängigen Position sein.

Wenn man schon emotionale Erpressung, Beleidigung und psychischen Druck in die Gesamtziffer für Gewalt in der Paarbeziehung einrechnet, so wäre es das mindeste, dass man die Fragen der ENVEFF-Studie (siehe S. 29) an eine repräsentative Auswahl von 7000 Männern zwischen zwanzig und neunundfünfzig Jahren richtet, so wie man es bei den Frauen getan hat. Das wäre nicht nur recht und billig, sondern würde auch ein anderes Bild von Gewalt in der Partnerschaft und vielleicht auch ein gerechteres Bild von Männern und Frauen liefern. Es ist absurd, so zu tun, als wären nur Männer eifersüchtig, schlecht erzogen und tyrannisch. Mit dieser Absurdität sollte man unbedingt Schluss machen.

Schließlich gibt es eine weitere Art des Machtmissbrauchs, von dem sehr selten die Rede ist. Seit dreißig Jahren haben die Frauen die ungeteilte Macht über die Fortpflanzung inne. Zwar scheint es völlig legitim, dass jede Frau die letzte Entscheidungsbefugnis darüber hat, ob sie schwanger werden will oder nicht. Doch umgekehrt ist es auch ein Machtmissbrauch, das Sperma eines Mannes zu benutzen, der kein Kind will. Dass ein Mann nicht mehr leichtsinnig oder gegen den Willen der Frau ein Kind zeugen kann, ist ein beträchtlicher Fortschritt, doch es ist verwerflich, jemandem eine Vaterschaft aufzuzwingen, der sie ausdrücklich abgelehnt hat. Solche Fälle von Machtmissbrauch sind mit Umfragen und Statistiken kaum zu erfassen. All das geschieht in der Einsamkeit des Gewissens, in der Zweisamkeit des Paares oder deren Verweigerung durch den anderen. Manche sind der Ansicht, nach fünftausend Jahren absoluter Herrschaft über den Bauch der Frau sei eine solche Umkehrung nur gerecht. Andere glauben, es bedürfe nur der Pille für den Mann, um sich Ungelegenheiten dieser Art zu ersparen. Oder auch, eine Frau habe sehr wohl das Recht, sich ein Kind machen zu lassen, wenn sie an den Erzeuger keine weiteren Forderungen stellt. Doch gerade heute, da man den Vätern mehr Verantwortlichkeiten zuweisen will, scheint es zumindest widersprüchlich, den Willen des anderen zu übergehen und ihn zu Zwecken zu benutzen, die er ablehnt.

Dass die Feministinnen Öffentlichkeit und Politik über die Gewalt alarmieren, die den Frauen angetan wird, ist ihre Pflicht und verdient Respekt. Dass die Sozialwissenschaftler ignorierte oder wenig bekannte Verhaltensweisen aufdecken, gehört zu ihrer Aufgabe. Doch was dabei jeweils übergangen und verschwiegen wird, ist niemals zufällig. Die Existenz weiblicher Gewalt anzuerkennen heißt keineswegs, die Bedeutung der männlichen Gewalt zu verharmlosen, heißt nicht, dass es weniger dringlich wäre, sie einzudämmen und ihren Opfern zu Hilfe zu kommen. Doch um unsere Schwächen besser bekämpfen zu können – ganz gleich, ob sie nun auf natürliche Anlagen oder mangelhafte Erziehung zurückgehen –, dürfen wir die Frauen nicht zu Engeln machen und die Männer nicht zu Teufeln.

Wer systematisch die Gewalt und die Macht der Frauen ignoriert[36] und letztere ständig zu Unterdrückten, also Unschuldigen erklärt, zeichnet das Bild einer in zwei Teile gespaltenen Menschheit, das der Wahrheit wenig ähnelt: hier die Opfer der männlichen Unterdrückung, dort die allmächtigen Täter. Um gegen diese Situation etwas zu unternehmen, erheben sich immer mehr feministische Stimmen, die dafür die männliche Sexualität verantwortlich machen und diese zur Wurzel des Übels erklären. Damit zeichnen sie die Umrisse einer weiblichen Sexualität, die mit der Entwicklung der Sexualmoral in Widerspruch steht, und kehren zu einer Definition der »weiblichen Natur« zurück, die man eigentlich für längst vergessen hielt.

3

WIDERSPRUCH

WIR WERDEN IN ZUNEHMENDEM MASSE Gefangene einer doppelten sexuellen Obsession. Einerseits wird da von der »Pflicht zu genießen« gefaselt, die fälschlich als Gipfel der »Selbstentfaltung« gilt; andererseits ergeht der Mahnruf, die Würde der Frau zu achten, welche von unerwünschten sexuellen Übergriffen verhöhnt werde – ein Begriff, dessen Bedeutungsfeld immer weiter ausgedehnt wird. Einerseits zielen seit den siebziger Jahren alle Anstrengungen darauf, die Sexualität zu entmoralisieren und die Grenzen der Überschreitung immer weiter hinauszuschieben; andererseits erfindet man den Begriff der sexuellen Freveltat wieder neu. Als Konsumgegenstand oder erhabenes Objekt, Spielerei oder Zeichen von Würde, Spaß oder Gewalt ist der Sexus zum Gegenstand zweier – fast Punkt für Punkt einander diametral entgegengesetzer – Diskurse und zum entscheidenden Thema des neuen moralischen Feminismus geworden.

Mit der Rückverwandlung der Sexualität in etwas Heiliges vollzog die zweite feministische Welle gegenüber dem vorangegangenen libertären Feminismus eine Kehrtwende. Dieser hatte, eng mit den Forderungen der Achtundsechziger verbunden, den Willen bekundet, die Grundfesten des Patriarchats in die Luft zu sprengen – nämlich die männliche

Herrschaft über die weibliche Sexualität. Die große Schlacht um die Rechte auf Empfängnisverhütung und Abtreibung zielte ebenso sehr auf die Wiedergewinnung der Kontrolle über die Fortpflanzung wie auf die Eroberung einer neuen sexuellen Freiheit. »Mein Bauch gehört mir« bedeutete auch: »Lust ohne Frust«, Genießen ohne Hindernisse. Damit trugen die Feministinnen der ersten Stunde erheblich zur Befreiung der Frauen, aber auch zur Banalisierung der Sexualität bei.

Kaum waren diese neuen Freiheiten erobert, wurde von der anderen Seite des Atlantiks ein missbilligendes Grollen vernehmbar. Es waren die Rufe radikaler lesbischer Feministinnen, die diese Banalisierung anprangerten, weil sie gänzlich zum Nutzen des Mannes und zum Nachteil der Frauen sei. Mit der vermeintlichen Befreiung vom männlichen Joch hätten die libertären Feministinnen die weibliche Abhängigkeit vielmehr nur gefestigt. Mehr denn je würden Frauen zu rasch konsumierbaren Wegwerfobjekten. Die weibliche Erniedrigung habe damit ihren Gipfel erreicht. Zugleich richtete sich das Interesse auf das Wesen der männlichen und der weiblichen Sexualität. Hemmungslos, gewalttätig, erobernd sei die eine; zart, empfindlich und treu die andere. Manche schlossen daraus auf die Unvereinbarkeit der beiden Geschlechter. Andere, die Mehrzahl, brachten vor, man müsse die Trivialisierung der Sexualität eindämmem, da sie die männliche Gewalt provoziere. Allmählich setzte sich in den Köpfen der Gedanke fest, das weibliche Geschlecht sei ein Heiligtum, und es gebe nur einen Typ weiblicher Sexualität. Die so genannten Emanzipierten, die einem guten Fick nicht mehr Bedeutung beimaßen als einer guten Mahlzeit, wurden zur Ausnahme von der Regel. Sie galten als vermännlichte, also entfremdete Frauen, und die Unglücklichsten mussten zweifellos die

Prostituierten sein, die es wagten, sich für frei zu halten. Nicht nur trügen sie zur Entwürdigung des Bildes des weiblichen Körpers bei (ebenso wie die Stripteasetänzerin, der Pornostar und überhaupt jedes Model, das man in ein Sexualobjekt verwandelt, um Senf zu verkaufen), sondern sie übten auch Verrat an ihren versklavten Schwestern, den Opfern der schlimmsten mafiösen Zuhälter. Auf die Kritik am Sex als Konsumgut folgte die Kritik am Konsum des Sex als Ware. Kaum dass man sich versah, hatte dieser Feminismus den moralisierenden Tonfall der jüdisch-abendländischen Tradition wiedergefunden und beteiligte sich an der Wiedergeburt der sexuellen Klischees, deren Überwindung so viel Mühe gekostet hatte.

Dem beutegierigen Mann, der nur an sein Vergnügen denkt, stellte man sein Opfer gegenüber, das nichts als Liebe sucht. Von seinem männlichen Beherrscher eingeschüchtert, wagt es und vermag es auch nicht mehr *nein* zu sagen. Dennoch wird es unablässig vor der Gefahr der Sexualität gewarnt, die ihm seine Integrität und Würde zu rauben drohe. Unerwähnt bleiben seltsamerweise die Frauen, die *ja* sagen und ganz fröhlich eine männliche Eroberung nach der anderen machen.

Ebenso herrscht peinliches Schweigen über das autobiographische Buch der französischen Kunstkritikerin Catherine Millet[1], zweifellos aus Angst, als prüde zu erscheinen. Aber man zögert nicht, wie die Gruppe Chiennes de garde (Wachhündinnen) auf die Straße zu gehen, um sich über die Freigabe des Films *Baise-moi* (Fick mich)[2] für Jugendliche unter achtzehn Jahren zu empören. Darin wird von der ziellosen Flucht zwei junger Frauen erzählt, die jeden töten, der ihren Weg kreuzt, um sich für ihr elendes Leben zu rächen. Es war vielleicht nicht schlecht, durch einfache Umkehrung der Rollen den Männern den Schrecken ihrer eigenen Gewalt vorzuführen. Dass sie wenigstens einmal in der Position von Opfern erscheinen, könnte einen pädagogischen Nutzeffekt haben, der es wettmacht, dass das Bild von unserer zarten Natur dabei ein paar Schrammen abbekommen hat. Frauen im sadistischen Rausch, das konnten nur Figuren aus dem psychiatrischen Lehrbuch sein oder arme Geschöpfe, die an dem Schrecklichen, das ihnen angetan worden war, verrückt wurden.[3]

Bisher ist es noch kaum vorgekommen, dass Feministinnen dazu aufgerufen haben, Gewalt mit Gewalt zu vergelten. Bisher wird der Kampf immer noch in demokratischen, also legitimen Formen ausgetragen. Er verläuft über drei Phasen: die bewusste moralische Wahrnehmung einer Gewalt, die den Frauen angetan wird; die Aufnahme dieser Gewalt in den Katalog der Straftatbestände; und dann die Anrufung der Gerichte. Entscheidend ist also der ideologische Kampf. Um eine Verschärfung des Sexualstrafrechts von der Prostitution bis zur Pornographie durchzusetzen, zögert der gutmeinende, in seiner verletzten Würde schwelgende Feminismus nicht, mit den allertraditionellsten Hütern von Sitte und Ordnung gemeinsame Sache zu machen. Erklärter Feind ist die verabscheuungswürdige Konsumgesellschaft, in der sich der wild gewordene neoliberalistische Kapitalismus widerspiegelt. An den libertären Feminismus ergeht der Vorwurf, lediglich dessen verblendeter Komplize zu sein. Bei diesem Kampf steht Grundsätzliches zur Debatte – nämlich die Neubestimmung der Beziehungen zwischen Männern und Frauen sowie deren wechselseitige Freiheiten.

DIE SEXUELLE REALITÄT

Das Bild ist allgegenwärtig. Niemand kann sich ihm entziehen, nicht einmal mehr Kleinkinder: Der Sex ist überall. Brutal wird er im Kino, im Fernsehen, in der Werbung, den Zeitschriften, der Literatur oder in privaten Unterhaltungen ans Licht gezerrt. So sagt der französische Journalist und Autor Xavier Deleu mit Recht: »Der öffentliche Raum ist durch die schrille Anhäufung erotischer Zeichen sexuell übersättigt.«[4] Das erklärte Ziel dabei ist, den zweitausend Jahren kollektiver Verdrängungen und individueller Frustrationen ein Ende zu setzen. Die Aufhebung der Tabus ist heute ein Schlagwort, mit dem nicht zu spaßen ist. Wer den geringsten Vorbehalt gegen diese *neue Geschlechterordnung*[5] äußert, verurteilt sich selbst dazu, die üble Rolle des Zensors, des Verklemmten, kurz: des Ewiggestrigen zu spielen. Hier soll es nicht darum gehen, dieser neuen Zwangsordnung noch einmal den Prozess zu machen – das haben andere bereits mit viel Geschick geleistet[6] –, sondern die Distanz ins Auge zu fassen, die zwischen der sexuellen Wirklichkeit und der neuen feministischen Moral besteht.

Das Ende der Normen

Die Geschlechterordnung, die in traditionalen Gesellschaften mit männlicher Herrschaft gilt, lässt sich in einem Satz zusammenfassen. So heißt es bei Michel Bozon (in diesem Fall über die Baruya Neuguineas und die Kabylen): »Der Mann gibt Befehle und reitet die Frau.«[7] Von diesem Muster sind wir, um das Mindeste zu sagen, Lichtjahre entfernt. Das gegenwärtige Kino hat uns sogar schon die Umkehrung der sexuellen Positionen aufgedrängt. Doch das Ende der Normen ist damit noch nicht erreicht. Die autobiographische

Gegenwartsliteratur, neuere Umfragen zum Thema Sexualität und andere Studien über diese oder jene exzentrische sexuelle Praxis lassen eine vielgestaltige und ungezügelte Sexualität erkennen. Die einen halten sie für befriedet und befreit, andere für herz- und seelenlos, andere wiederum für den Ort aller Arten von Gewalt und wieder auflebender Barberei. Liest man die Frauenliteratur der letzten Jahre[8], so ziehen die jungen Mädchen ihren Slip mit einer solchen Unbekümmertheit aus, die die ältere Generation nur verblüffen kann. Aus Neugier, Begehren, Stolz, Provokation oder Konformismus? Man weiß nicht so recht, was hinter diesem Eifer steckt. Sicher ist hingegen, dass Jungfräulichkeit im Alter von achtzehn Jahren mehr Besorgnis als Genugtuung hervorruft. Wer dann noch Jungfrau ist, glaubt von einer psychischen Krankheit befallen zu sein, gegen die geeignete Maßnahmen zu ergreifen sind: Seelendoktoren oder lustlose Entjungferung. Ist aber der erste Schritt getan, so steht den jungen Erforschern des Sex, den nach starken Sensationen Hungernden, eine Palette von Praktiken zur Verfügung, die sie austesten und gegebenenfalls übernehmen können. Nicht als Idiot – im Stadium der Unschuld – zu sterben scheint zur größten Sorge geworden zu sein, die zunehmend von beiden Geschlechtern geteilt wird.

Zwei im Abstand von zehn Jahren durchgeführte Untersuchungen über die Sexualität der Franzosen lassen die Entwicklung der Verhaltensweisen und das Zerbrechen der Normen von einst in ihrem ganzen Ausmaß erkennen. Die erste ist eine quantitative Studie, die im Laufe der Jahre 1991 und 1992 an einer repräsentativen Stichprobe von zwanzigtausend Personen telefonisch durchgeführt wurde.[9] Man erfährt daraus, dass – im Vergleich zu der älteren, 1972 von Pierre Simon durchgeführten Studie – Fellatio und Cunnilingus zu weit verbreiteten Praktiken geworden waren (90 Prozent), dass Frauen häufiger masturbierten als zwanzig Jahre zuvor, dass 24 Prozent der Frauen Erfahrungen mit analer Penetration gesammelt hatten (im Vergleich zu 30 Prozent der heterosexuellen Männer[10]), dass jedoch nur 3 Prozent der Männer und der Frauen diese spezielle Praxis häufig ausübten.

Mehr als 50 Prozent der Männer, aber nur weniger als 30 Prozent der Frauen sahen sich pornographische Zeitschriften und Filme an. Zu den praktizierten sexuellen Aktivitäten, die »ziemlich selten« ausgeübt wurden, gehörte schließlich die Nutzung pornographischer Online-Dienste (weniger als 20 Prozent der fünfunddreißigjährigen Männer) und zu den als »selten« bezeichneten Praktiken gehörte der Geschlechtsverkehr zwischen drei Partnern, der Partnertausch und die Benutzung eines »Spielzeugs« zur Steigerung der sexuellen Erregung. Von extremen Praktiken, vom Sadomasochismus über *gang bang* bis zum *fist fucking*, war noch keine Rede.

Eine qualitative Studie der französischen Soziologin Janine Mossuz-Lavau aus dem Jahr 2002, bei der siebzig Männer und Frauen aller Milieus und Altersklassen mittels Tiefeninterviews befragt wurden, führt den Beweis, dass »Personen, die zur selben Zeit im selben Land leben, ein außerordentlich unterschiedliches Verhältnis zur Sexualität« haben.[11] Daraus ist die Lehre zu ziehen, dass »in diesem Bereich ein Begriff von Normalität nicht existiert«. Während ihres Interviews mit Janine Mossuz-Lavau merkt die Journalistin von *Libération* entsprechend an: »Man hat das Gefühl, dass Leute mit einer ziemlich klassischen oder konventionellen Sexualität, die keine Swingerclubs besuchen und keinen Sex zu dritt praktizieren, seltene Vögel geworden sind.«[12] Tatsächlich weist Janine Mossuz-Lavau in ihrer

Studie ein breites Verhaltensspektrum nach. Es reicht von Frauen, die seit zwanzig Jahren mit demselben Mann eine erfüllte Sexualität erleben, bis hin zu anderen, die einer Catherine Millet in nichts nachstehen. Man erfährt, dass die jungen Frauen häufiger als früher Analverkehr praktizieren, wenn auch immer noch nicht so oft wie die jungen Männer; dass die jungen Mädchen egalitärere Vorstellungen von Sexualität haben und die Klischees von einst ablehnen. »Was sich verändert hat, ist das Anspruchsniveau der Frauen. Sie lassen es sich nicht mehr ausreden, dass sie ein Recht auf Lust haben«, konstatiert Janine Mossuz-Lavau in einem etwas früheren Interview in *L'Express*. Sie fährt fort: »Ich habe viele Aussagen von Frauen, die einen Mann verlassen haben, der ihnen keinen Orgasmus verschaffen konnte. Eine hat mir erklärt, sie habe einmal einen Liebhaber mitten in der Nacht rausgeworfen, weil ›bei ihm nichts mehr zu holen war‹. Solche Verhaltensweisen sind ziemlich neu.«[13] Neu ist auch, dass Männer und Frauen das Bedürfnis haben, ihre Phantasien auszuleben, und dass viel mehr Leute »exzentrische« Praktiken ausüben, als man glaubt.

Heißt das also, dass Sexualität für die Franzosen gar nichts Aufregendes mehr hat? »Die Leute, denen ich begegnet bin, sind weder frustriert noch unglücklich«, erläutert die Autorin die Studie. »Es existiert auf diesem Gebiet eine große Freiheit, etwas Spielerisches, Fröhliches.«[14]

Nicht alle teilen diesen Optimismus. Es gibt zahlreiche literarische Zeugnisse einer »schmutzigen« Sexualität, oftmals von ungewöhnlicher Brutalität, bei der Dominanz und Unterwerfung im Vordergrund stehen. Der Körper ist nur noch ein Behälter, der manchmal bis zu seiner Zerstörung ausgebeutet wird, ein bloßes Nutzobjekt, sagen die einen. Ohne ganz so weit zu gehen, weisen andere darauf hin, dass die »harte« Pornographie, die sich in der Werbung, in Videoclips und im

Kino zunehmend breit macht, »in die kollektive Wahrnehmung einsickert« und dass sexuelle Phantasien heute ihr »Vorbild aus Hardcore-Filmen« beziehen.[15] Im Alter von zwölf Jahren haben drei Viertel der Jungen und die Hälfte der Mädchen bereits einen Pornofilm gesehen.[16] Sie lernen die rohen Bezeichnungen kennen (*fist fucking*, Dildos zum Umschnallen, dreifache Penetration), die Brutalität der Handlungen und die Repräsentation des Körpers als Maschine.

Kaum dass sie Zugang zu Hardcore-Filmen haben, werden sie möglicherweise eine kollektive Vergewaltigung (*gang bang*) miterleben – eine Kategorie, die in Sexshops sehr gefragt sein soll – und all die Glanzleistungen, die ein Folterer am Körper einer Frau vollbringen kann.

Doch selbst wenn die pornographische Darstellung nur auf Phantasien und sexuelle Erregung abzielt, wird man mit Janine Mossuz-Lavau anerkennen müssen, dass immer mehr Menschen das Bedürfnis haben, ihre Phantasien auszuleben. Die zahllosen Zeitungsartikel über exzentrische, ja extreme Sexualpraktiken, die Kleinanzeigen selbst in den seriösesten Zeitungen und vor allem die Entwicklung des sexuellen Angebots über das Internet haben das, was gestern noch als anormal oder unmoralisch galt, alltäglich werden lassen. In den letzten zehn Jahren hat sich die Zahl der Erotiksalons ebenso vervielfacht wie die der Swingerclubs und »harten« Privatpartys. Selbst wenn nur eine kleine Minderheit derartige Orte der Lüste besucht, so hat sich der Blick der Gesellschaft darauf gewandelt. »Die sadomasochistischen Praktiken«, bemerkt die französische Soziologin Véronique Poutrain, »die unter der Chiffre BDSM (BDMS ist die Kombination aus den drei Akronymen BD: Bondage, Disziplin, DS: Dominanz, Sklaven und SM: Sadismus, Masochismus, E. B.) auftreten, sind zwar kein neues Phänomen, aber heutzutage viel sichtbarer und werden immer ›normaler‹. Sie sickern in die allgemeine Welt der Sexualität ein, und ihnen steht ein durchorganisiertes kommerzielles Netz zur Verfügung. Gleichviel, ob sie anziehend oder abstoßend wirken, sie sind künftig Teil des öffentlichen Raumes. Es gibt keinen Sexshop mehr, der nicht auch eine Produktpalette im SM-Bereich anböte ... Solche Praktiken sind nicht mehr bloß eine Sache exzentrischer Liebhaber: Der Sadomasochismus gibt einer ganzen Vorstellungswelt ›Farbe‹, besondere Genussintensität und besonderen ›Reiz‹.«[17] Das Bild des Sadomasochismus, schreibt Poutrain weiter, hat sich gewandelt: »Im Grunde versteht er sich als eine spielerische und vergnügliche, jedem zugängliche Sexualität. Heute haben Zeitschriften, die sich an fünfzehn- bis fünfundzwanzigjährige Leser richten, keine Scheu, solche Praktiken nicht mehr als krankhaft, sondern als ein unterhaltsames sexuelles Vergnügen darzustellen, das eine Vielzahl neuer Lüste bietet.«

Gleiches gilt für den Partnertausch. Der Soziologe Daniel Welzer-Lang brachte im Rahmen seiner Studien über männliche Herrschaft und die verschiedenen Formen der Prostitution vier Jahre mit der ethnographischen Erforschung der »Welt des Partnertauschs« zu. Er analysierte die entsprechenden Zeitschriften, wertete Kleinanzeigen und die daraufhin eingegangenen Offerten aus, führte Interviews mit mehr als fünfzig männlichen und weiblichen zu dieser Szene gehörenden Personen und beobachtete sie in Nudistenzentren wie Cap d'Agde. So liefern Daniel Welzer-Lang und seine Mitarbeiter einen hervorragenden Einblick in dieses Milieu und die Vorstellungswelt derer, die es bevölkern.[18]

Festzuhalten ist zunächst einmal die Ausbreitung derartiger Praktiken in der zweiten Hälfte der neunziger Jahre, wie sie sich exemplarisch in der vermehrten Anzahl entsprechender kommerzieller Treffpunkte in einer Stadt wie Lyon (neun im Jahr 1992 gegenüber mehr als zwanzig im Jahr 1996) oder an der vermehrten Anzahl einschlägiger Kleinanzeigen (800 in der wichtigsten Insiderzeitschrift im Jahr 1993, 2500 im Jahr 2001) ablesen lässt. Man schätzt die Zahl der – hauptsächlich männlichen – Swinger auf 300 000 bis 400 000 Personen: 51 Prozent davon sind männliche Singles, 41 Prozent Paare (zusammen ergibt das 75 Prozent der Männer) und 3,5 Prozent weibliche Singles; den Rest bilden Transvestiten. Die Regionen mit der höchsten Swinger-Dichte sind in Frankreich die Île-de-France, das Rhônetal und der Süden des Landes. Aber die Adepten zögern nicht, Hunderte von Kilometern für ein Treffen oder einen Clubabend zurückzulegen. Daniel Welzer-Lang weist zudem darauf hin, dass die Ausbreitung dieser Praktiken ein gesamteuropäisches Phänomen ist, an dem ganz unterschiedliche Personengruppen beteiligt sind:»In vielen Treffpunkten findet sich eine Population von über Vierzigjährigen zusammen … Zugleich erscheint dort aber auch eine signifikante Minderheit von jungen Erwachsenen zwischen zwanzig und fünfunddreißig Jahren … Mitglieder mit geringem Einkommen erhalten nur nachmittags Zugang zu den Clubs und einzig zum Besuch der Bar; Arbeiter oder Arbeiterinnen kommen tendenziell selten. Die Abende für Paare, zu erheblich höheren Tarifen, werden im Wesentlichen von der Mittelschicht und gehobenen Mittelschicht besucht. Die ›Privatpartys‹ sind im Allgemeinen der Oberschicht vorbehalten.«

Obwohl dieses Phänomen nur eine kleine Minderheit von Franzosen betrifft (4 Prozent der Männer, 1 Prozent der Frauen), wird es von den Medien dämonisiert.»Die sexuelle Moderne zwingt dazu, wenigstens einmal einen Partnertauschtreff zu besuchen, ›um mal zu sehen‹.«[19] Nichts war in dieser Hinsicht aufschlussreicher als eine Fernsehsendung, die 2001 zur Primetime von einem nationalen Sender ausgestrahlt wurde. Darin berichteten junge Paare seelenruhig von ihren Partnertauscherfahrungen und überlegten sie ernsthaft, welchen Nutzen sie daraus für ihr weiteres Beziehungsleben ziehen könnten. Es ist in diesem Zusammenhang auch nicht belanglos, dass der französische Bestsellerautor Michel Houellebecq seine Helden – oder vielmehr Antihelden, Karikaturen der Mittelschicht – in seinen beiden letzten Romanen[20] im Ferienzentrum von Cap d'Agde oder beim Besuch von SM-Bars nach einer sexuellen Erregung suchen lässt, die das Alltägliche konterkariert. Künftig ist alles willkommen, was dem Begehren Würze gibt, auch wenn die extremen sexuellen Praktiken, etwa harter Sadomasochismus oder kollektive Vergewaltigungen, in den Augen des Publikums das Privileg oder Zeichen der Perversion einer winzigen Minderheit sind.

Verdinglichter Körper, maschineller Sex

In unserer sexuellen Konsumgesellschaft muss der Körper jung, leistungsfähig und erregend sein. Um dieses Ideal zu erreichen, zahlen insbesondere die Frauen fast jeden Preis. Modifikationen der Physis – die harmloseren wie die schmerzhafteren – bedeuten, dass der Körper als ein dingliches Objekt betrachtet wird, das je nach Mode und Zeitgeschmack umgeformt werden kann. Die Männer sind wie besessen von seiner Leistungsfähigkeit, die Frauen von seiner äußeren Erscheinung. Diese Zwangsvorstellungen werden verstärkt von den erotisch-pornographischen Bildern, die auf uns einstürmen.

Abgesehen von dem Problem der Behaarung – insbesondere der Scham –, das nach minislipgerechter Epilation mit heißem Wachs verlangt, und abgesehen von den Schrecken der Cellulitis oder der überflüssigen Pfunde, die mit drakonischer Diät und Fettabsaugung bekämpft werden, unterziehen sich die Frauen im Westen mehr und mehr dem Ritual der plastischen Chirurgie. Gesichtshautstraffung und Nasenoperationen genügen nicht mehr. Heute lassen sie sich die Brüste vergrößern oder verkleinern, die Konturen ihrer Hüften und Schenkel, ja selbst der Brustwarzen oder Genitalorgane verändern, wenn sie ihnen nicht gefallen. Der gesamte weibliche Körper ist formbar, sogar sein Geschlecht. Im Übrigen sollte man ja nicht glauben, der männliche Körper entginge völlig dieser quälenden Sorge um Perfektion. Den Chirurgen zufolge lassen sich auch Männer immer häufiger liften (jede vierte oder fünfte Operation) und zwingen sich zu strenger Diät.

Gleichmäßiger zwischen den beiden Geschlechtern der neuen Generation verteilt sind die Praktiken des Piercing und der Tätowierung. In beiden Techniken äußert sich der Wunsch nach Personalisierung und Schmückung, aber auch Erotisierung des Körpers. Das Piercing der Geschlechtsorgane soll eine erregende Wirkung haben, ebenso wie das der Zunge, das angeblich bei einer Fellatio die Unterseite des Penis stimuliert.

So sieht sich der zum bloßen Objekt degradierte, auf jede nur denkbare Weise malträtierte und gefolterte Körper seines erotischen Charakters beraubt, während einzelne seiner Teile fetischistisch übersetzt werden. Der französische Philosoph Dominique Folscheid beobachtet treffend: »Je mehr wir in die reine Logik des Sex eintreten, je mehr wir uns zu Gefangenen seiner mechanischen Anforderungen machen, desto mehr muss der Körper seine libidinöse Besetzung verlieren, desto mehr muss er zerstückelt werden, damit aus seinen für den Sex strategisch bedeutsamen Teilen Instrumente und Spielzeuge werden können. Einzig in bestimmten Bereichen des Körpers, den so genannten ›erogenen‹ Zonen, findet der Sex Erregungsstellen.«[21] Diese These findet ihre perfekte Illustration in der pornographischen Bilderwelt, die den Körper zerschneidet, um die Genitalien oder bestimmte Details davon in Großaufnahme zu zeigen – oder auch in bestimmten Praktiken der Darkrooms, die, liest man Houellebecq, längst keine Spezialität der Homosexuellen mehr sind.

Die Zerstückelung und Instrumentalisierung des Körpers betrifft nicht allein exzentrische Praktiken und auch nicht nur die männliche Sexualität. Die gegenwärtige Begeisterung für Sextoys, die allein für Frauen bestimmt sind, weist ebenfalls auf diese Entwicklung hin. In New York, London oder Paris haben Sexshops der gehobenen Klasse hauptsächlich für weibliche Kunden ihre Tore geöffnet. Man findet dort alle Gegenstände, die Lust verschaffen können. Die Eröffnung einer Erotika-Abteilung in einer Pariser Boutique der französischen Modedesignerin Sonia Rykiel war Anlass für zahlreiche Presseartikel, die alle einen ähnlichen Tenor hatten. Nach der Beschreibung fluoreszierender Dildos oder des bonbonfarbenen Vibrators »Rabbit«, der in der amerikanischen Kultserie *and in the City* Furore gemacht hatte, fand diese Idee ihre Rechtfertigung in der Zauberformel: *Befreiung der weiblichen Lust von Schuldgefühlen.*[22] Nathalie Rykiel, die Tochter von Sonia Rykiel, kommentiert die Eröffnung der Erotik-Abteilung mit Begriffen wie Humor, Entdramatisierung und Effizienz: »Im Gegensatz zu englischen Boutiquen, die sehr schöne, doch wirkungslose Objekte verkaufen, habe ich Artikeln den Vorzug gegeben, die wirkliche Lust verschaffen. Wenn man eine solche Richtung einschlägt, muss man konsequent sein und vor allem nicht heuchlerisch! Unsere Sextoys sind sicher auch lustig und verspielt, aber vor allem sind sie wirkungsvoll.«[23] Tatsächlich blieb der Erfolg nicht aus. Binnen weniger Wochen, schrieb das Frauenmagazin *Elle*, konnte das Designerhaus Hunderte von erotischen

Artikeln absetzen, und die Warteliste sprengte alle Grenzen. Auf diese Weise werden die einsamen und mechanischen Lüste im Handumdrehen zum demokratischen Recht für alle.

Der Katalog des Wäscheversandhauses 3 Suisses bietet seinen Kunden ebenfalls pikante Stimulationsapparate an, und auch der Internethandel schläft nicht. Man kann von zu Hause aus Gegenstände bestellen, von denen man kaum geträumt, die man nie in einem Sexshop zu kaufen gewagt hätte. Auch hier ist die Rede von »Produkten, die Schuldgefühle abbauen«, und der Geschäftsführer eines dieser Online-Shops berichtet der Tageszeitung *Libération*, dass täglich 150 bis 200 Bestellungen eingehen, dass 40 Prozent der Sextoys von Frauen bestellt werden und dass sein Geschäft im Jahr 2002, drei Jahre nach der Gründung, einen Umsatz von 2,3 Millionen Euro erwartet – mehr als das Doppelte des Vorjahres.[24]

Einsame Lüste, mechanische Genüsse: Der französische Psychologe und Konrad-Lorenz-Schüler Boris Cyrulnik weist darauf hin, dass wir den anderen immer weniger benötigen: »Mit dieser sexuellen Klempnerei laufen die Männer Gefahr, für die Frauen Dildos oder Spermalieferanten zu werden.«[25] Oder jedenfalls Maschinen, die ebenso leistungsfähig sein müssen wie jene, die man im Laden kauft. Man begreift die Angst der Männer vor Impotenz und den Rückgriff auf das ganze chemische Arsenal, um die Herausforderung zu meistern.

Der Abbau sexueller Schuldgefühle bei den Frauen ist in vollem Gange. Die Brandung der Medien hat bereits Breschen geschlagen. Die Banalisierung der Pornographie hinterlässt ihre Spuren bereits bei den Jüngsten, und nicht wenige träumen von einer Karriere als Pornostar. Vorpubertäre Mädchen verehren die Idole der Videoclips, die als Endlosschleife auf den Musikkanälen ausgestrahlt werden. Man sieht, wie Britney Spears, Christina Aguilera und all die anderen »sich lasziv an groß gewachsenen Männern reiben und mit SM-Symbolen spielen«.[26] Auch wenn das die männlichen Phantasien derer sind, die solche Clips produzieren, und nicht die Träume junger Mädchen, werden diese von Anfang an mit der Darstellung einer mechanischen und brutalen Sexualität konfrontiert.

Befreiung von Tabus oder Tyrannei der Phantasie? Entdramatisierung oder Reduktion der Sexualität auf den physischen Reiz? Legitimation des Begehrens oder gewalttätiges Abreagieren? Erfüllung des Individuums oder Einsamkeit und sexuelles Elend? Die Nostalgiker sehnen sich nach den alten Zeiten, die Fortschrittsfreunde stürmen mit der Fackel der Freiheit voran. Die Mehrheit, von beiden Parteien in die Zange genommen, weiß nicht, welchen Weg sie einschlagen soll. Anders dagegen der neue moralische Feminismus; er ist sich seiner Analyse gewiss und weiß, was zu tun ist.

Der Mythos einer gezähmten Sexualität

Die Diagnose liegt auf der Hand. Seit die Menschheit existiert, sind es die Männer, die den Frauen ihre Sexualität aufzwingen. Die sexuelle Pseudobefreiung, die wir heute erleben, hat nur die Auswirkungen der männlichen Herrschaft und Gewalt in modernere Formen übersetzt. Von den Pornos zur Vergewaltigung in der Ehe, von den Peepshows in den Vororten zur Neubelebung der Prostitution: Überall werden wir Zeuge einer Entfesselung der männlichen Sexualität, die keine Grenzen mehr kennt. Es ist höchste Zeit für eine gründliche Umkehr. Es gilt, die Umrisse einer anderen Sexualität zu zeichnen, welche die infernalische Beziehung zwischen Herrschaft und Unterwerfung, zwischen der Macht des

Geldes und der obskuren Zweideutigkeit des Begehrens auflöst. Stattdessen bedürfte es, so scheint es, einer transparenten, demokratischen, auf Übereinkunft beruhenden Sexualität, einer sanften und unschuldigen Sexualität, die verlangt, dass die Beteiligten ihre Phantasien, Perversionen und Triebe miteinander teilen und dass diese Triebe gezähmt sind. Kurz, eine Einheitssexualität, welche die Ähnlichkeit der Geschlechter auch dort postuliert, wo es sie schlicht nicht gibt.

Das Märchen von der Reinheit

Formell bestreitet der neue Feminismus, der nur in Kategorien des »weiblichen Opfers« und der »männlichen Herrschaft« denkt, jede puritanische oder moralisierende Absicht. Natürlich ist keine Rede davon, den Sex zu verbieten oder wieder in den Rahmen der Ehe zu zwängen; ein solcher Versuch wäre heute auch sinnlos. Trotzdem konnte man bei der jüngsten Debatte über die Prostitution bemerken, wie auf einmal wieder Vorstellungen von zulässiger und unzulässiger Sexualität auftauchten. Auch wenn die Befürworter des Verbots oder der Abschaffung der Prostitution sich eher über das einig sind, was sie verurteilen, als über das, was sie predigen, lassen sich doch unschwer die Konturen einer »guten« Sexualität erkennen.

Das absolut Böse ist das Geld. Es »verwandelt den weiblichen Körper in ein Objekt und entmenschlicht die Frau im Sinne einer sexuellen und gesellschaftlichen Herrschaft«.[27] In der gemeinsamen Tradition von Christentum und Marxismus ist Geld Ausdruck der Verderbnis und der brutalen Herrschaft des Menschen über den Menschen. Es wird daher kein Unterschied gemacht zwischen Organhandel und einer sexuellen Transaktion, zwischen Vergewaltigung und

Prostitution, freiwilliger Prostitution und Sklaverei. In all diesen Fällen spricht man von »Verwandlung des Körpers in eine Ware« und einem »Anschlag auf die Menschenrechte«. Zulässig ist Sexualität nur, wenn sie gänzlich gratis gewährt wird, also unschuldig ist, und wenn das Begehren ein wechselseitiges ist.

Zwei kleinere Texte liefern eine genauere Vorstellung von dem, was als »gute Sexualität« angesehen wird. Der erste ist einem Manifest aus dem kanadischen Quebec entnommen, das sich gegen Prostitution richtet. Zunächst geißelt die Autorin Rheá Jean diejenigen, die es »gesellschaftlich billigen, dass menschliche Wesen gezwungen sind, den *pathologischen* Begierden mancher Männer zu dienen – es handelt sich eindeutig um Pathologie, denn eine Prostituierte bezahlen heißt: Lust haben, jemanden zu vögeln, der selber keine Lust dazu hat«. Dann deutet die Autorin an, was sie unter einer gesunden und normalen Sexualität versteht: »In einer gesunden, leider noch utopischen Gesellschaft schlafen die Menschen nur miteinander, um ihre *Zärtlichkeit* und ihr *Begehren* miteinander zu *teilen*. Die Lust beider Partner wäre dabei der einzig mögliche Zugang zur Sexualität. Die meisten Religionen haben freilich die Spiritualität von der Sexualität abgetrennt, obwohl Letztere danach hätte beurteilt werden müssen, was sie an Geistigem enthält.«[28]

Diese »gesunde und fröhliche« Sexualität wird auch in einem Aufruf von Florence Montreynaud betont, der ehemaligen Vorsitzenden der Gruppe Chiennes de garde (Wachhündinnen), heute der Gruppe La Meute (Die Meute). Ein Aufruf vom 29. Juli 2000 fordert unter dem Titel »Es lebe die freie und kostenlose Liebe« die Abschaffung der Prostitution. Für Unterdrückung hat Florence Montreynaud wenig übrig; sie plädiert vielmehr für die Erziehung der so genannten Machos, die sie im Weiteren als »Fleischfresser«

beschreibt: »Die Probleme der Machos hängen oft damit zusammen, dass sie die Liebe vom Begehren trennen.«[29] Die Behauptung ist erhellend: Die gute Sexualität ist demzufolge nur in der Liebe, im gemeinsamen Begehren erlebbar. Die triebhafte Sexualität, die das Gefühl nicht kennt, steht außerhalb des Gesetzes, ist unmoralisch und daher zu bekämpfen. Von vielen feministischen Vereinigungen wird sie fast schon mit einer Vergewaltigung gleichgestellt.

Dieses – vermeintlich einzig legitime – Verständnis von Sexualität stößt auf zahlreiche Schwierigkeiten und gibt Anlass zu verschiedenen Fragen. Zunächst einmal betrifft die triebhafte und bezahlte Sexualität nicht nur Machos und »Fleischfresser«. Auch Frauen nehmen sexuelle Dienstleistungen in Anspruch. Ihre Zahl ist größer, als man zugeben möchte,[30] und vielleicht wäre sie noch größer, wenn die letzten Tabus, die auf der weiblichen Sexualität lasten, aufgehoben wären. Dass eine Frau Anspruch auf dieselbe sexuelle Freiheit erhebt wie ein Mann, das heißt auf eine Sexualität auch jenseits von Gefühlen, gilt immer noch als Laster oder Anomalie. Muss denn der männliche Prostituierte, dessen sexuelle Dienste man kauft, ebenso als vergewaltigt betrachtet werden? Wird denn die Lust um der Lust willen immer noch der Sünde von einst gleichgesetzt? Andererseits gehört die Gleichsetzung des Klienten (oder der Klientin) mit einem Vergewaltiger oder »Fleischfresser« zu den schlimmsten Stigmatisierungen der Prostituierten, die damit ihrer Würde und Selbstverantwortlichkeit beraubt werden. Die Bewertung ihrer Tätigkeit als äußerste Erniedrigung degradiert sie zum »absoluten Opfer«, zum »untersten Bodensatz« und verwandelt sie, noch beleidigender, in bloßes »Fleisch«. Hinter den Strömen von Mitleid zeigt sich eine Verachtung, die umso weniger erträglich ist, als sie von Frauen ausgeht, die sich aufrichtig für Feministinnen und für die Avantgarde im Kampf für die Gleichheit der Geschlechter halten. Schließlich wirft diese Konzeption einer »unschuldigen« Sexualität, die jede Käuflichkeit ausschließt, ein Problem auf, das man wohlweislich nicht anspricht: Wo nämlich beginnt und wo endet das Laster? Wenn Unentgeltlichkeit und Wechselseitigkeit des Begehrens die beiden festen Kriterien tugendhafter Sexualität sind – was ist dann von den Männern und Frauen zu sagen, die bei der Wahl ihrer Partnerin oder ihres Partners den Gesichtspunkt des Sozialstatus oder der finanziellen Ausstattung nicht gänzlich unberücksichtigt lassen? Was soll man von denen halten, die ohne Begehren mit jemandem ins Bett gehen, um ihm oder ihr einen Dienst zu leisten im Austausch gegen etwas anderes? Wie wäre das Ergebnis jener Umfrage zu beurteilen, wonach 96 Prozent der Franzosen der Meinung sind, um zu verführen, brauche man Geld, und wonach 28 Prozent glauben, dass das verlockende Angebot, ein Wochenende im Ausland zu verbringen, »immer funktioniert«?[31] Manche werden darin einen perversen Effekt des Ultraliberalismus sehen, der zu bekämpfen ist, andere das Ende der Romantik und die Trennung von Liebe und Sex. Doch die feministischen Hüter der Reinheit sind auf diesem Ohr taub. Da an der Mentalität der Leute nichts zu ändern ist, kann man sich immer noch an die Straßenprostitution halten. Wie stets läuft das Märchen von der Reinheit am Ende auf Repression hinaus. In schönster Einigkeit rufen Rechte wie Linke nach dem Strafrichter; die Stadtverwaltung von Bordeaux fordert die Bestrafung des handelseinigen Paares, die Stadtverwaltung von Paris nur die des Klienten, womit natürlich auch die Prostituierte schuldig gesprochen wird, indem man ihr faktisch Berufsverbot erteilt. Im Bürgermeisteramt von Paris hat man alles schon vorbereitet: zwei Jahre Gefängnis (viermal so viel wie in

Schweden!), 30 000 Euro Geldstrafe und eine Art Bewährungsaufsicht für rückfällige Klienten.[32] Zur Kriminalisierung kommt noch die Medizinalisierung unseligen Andenkens: Solche Klienten sind »Kranke«, die man einer »Behandlungspflicht« unterwerfen möchte. Gerade zur rechten Zeit hat man kürzlich über die Prostituierten erfahren, dass sie an erheblichen psychischen Dysfunktionen und an dem Syndrom der »Dekorporalisierung« leiden.[33] Kurz, alles ist bereit, um den Krieg gegen die bösartigen Triebe zu beginnen.

Transparenz und Zustimmung

Die beiden Begriffe gehören eng zusammen. Die Zustimmung zum Sexualakt setzt voraus, dass der sexuelle Antrag aufrichtig und unmissverständlich gestellt worden ist. Alles muss gesagt, explizit geklärt worden sein. Wie früher in bestimmten protestantischen Ländern dürfen keine Vorhänge vor den Fenstern die Sicht behindern. Nichts von unserem Inneren darf verborgen sein. Das Begehren muss sich nackt zeigen, muss bis in den letzten Winkel für den anderen sichtbar sein. Zum Teufel mit dem Schamgefühl, das die Grausamkeit oder Brutalität mancher Aspekte der Begierde zu verhüllen sucht. Man muss alles sagen und alles von sich zeigen. Insofern teilen die Konsenstheoretikerinnen den Bekenntniseifer der Beichthandbücher aus dem 16. und 17. Jahrhundert ebenso wie den der exhibitionistischen Gegenwartsliteratur. In jenen Handbüchern wurde eine lange Liste von Fragen zur Sexualität aufgeführt, die dem Beichtvater die beruhigende Sicherheit gaben, keine Sünde des Beichtkindes zu übergehen und deren Schwere möglichst genau zu ermessen: »Hat er dich hier berührt? Dort? Ist er durch diese oder jene Öffnung eingedrungen? Hat er sich drinnen oder draußen ergossen?« und so weiter. Heute wird die Beichte nicht mehr *abgenommen*, sie wird vor dem größtmöglichen Publikum *verkündet*. Wie von einem exhibitionistischen Juckreiz befallen, breiten Mädchen und Jungen in der Öffentlichkeit endlos ihre intimsten Begierden, ihr sexuelles Glück und Unglück aus. Von den bekanntesten Schriftstellerinnen und Schriftstellern bis hin zum namenlosen Jemand träumen alle bloß davon, mit frontalem Blick in die laufende Fernsehkamera die verschlungenen Pfade des eigenen Geschlechtslebens vorzuführen. Die Intimität mit dem Beichtvater oder Psychoanalytiker stößt an ihre Grenzen und erweist sich als fade. Trotzdem ist das Ziel immer das gleiche: alles sagen, alles enthüllen.

Die feministische Sichtweise teilt diese Gier nach Publizität keineswegs. Doch die Forderung nach einer Zustimmung, die nicht die geringste Zweideutigkeit mehr übrig ließe, verlangt ebenso danach, sein Begehren ohne dunklen Rest ans Licht zu ziehen. Ziel ist es, sich gegenüber dem Begehren des anderen die volle, uneingeschränkte Freiheit zu bewahren. »Nachgeben heißt nicht zustimmen«, hat man uns beigebracht.[34] Und auf jedem amerikanischen Campus wird um die Wette nachgeplappert, dass schon das kleinste verbale Drängen die Sexualität augenblicklich illegitim werden lässt, mit anderen Worten: in eine Vergewaltigung verwandelt. Daher die extreme Wichtigkeit, die der Bedeutung der Wörter beigelegt wird. Die feministische Sprachkritik ist unnachgiebig in der Frage des »Nein« und des »Ja«. Seltsamerweise werden nur zwei von vier möglichen Fällen betrachtet: »das Nein, das nein heißt« und »das Ja, das nein heißt«. Niemand interessiert sich jedoch für »das Ja, das ja heißt« oder gar »das Nein, das ja heißt«.

Auf einem Universitätscampus heißt ein »Nein« immer »nein«. Und in der Tat, wenn ein sexuelles Angebot nicht erwünscht ist, sollte man es unzweideutig kundtun. Der raubgierige Mann kann so tun, als habe er nicht verstanden, und auf verschiedene Art und Weise Druck auf seine Beute ausüben. Wenn es sich um physische Pressionen handelt, wenn er seine Kraft einsetzt, so liegt darin ohne Zweifel eine Vergewaltigung vor. In den Augen der Konsenstheoretikerinnen übt psychischer Druck aber nicht weniger Zwang aus. Sie sprechen dann von »nicht gewaltsamem sexuellen Zwang«[35] und definieren verbale Nötigung als »die Zustimmung einer Frau zu einer unerwünschten sexuellen Aktivität, die der Mann mit Hilfe von Argumenten erreicht, ohne dabei zu physischen Drohungen zu greifen«. Wenn er also beispielsweise sagt: Er werde ihre Beziehung beenden, wenn sie nicht mit ihm schlafe, sie sei wohl frigide, jede andere Frau würde es doch auch tun, und wenn sie sich dann seinen Argumenten fügt, ist es ein Ja, das nein bedeutet. Sie hat nachgegeben, aber nicht zugestimmt, und damit ist man wieder ganz schnell bei dem Vergewaltigungsproblem.

Ende der achtziger Jahre schrieb ein Harvard-Student (oder war es eine Studentin?) in pädagogischer Absicht ein Stück über Vergewaltigung, *Calling It Rape*. Ziel war es, die Kommilitoninnen vor der Gefahr einer Vergewaltigung aufgrund eines sprachlichen Missverständnisses zu warnen. Katie Roiphe referiert in ihrem Buch *The Morning After* daraus eine Szene: »Ein Junge und ein Mädchen schauen sich ein Video an. Er kommt ihr näher und fängt an, sich auf sie zu legen. Das Mädchen hat keine Lust, mit ihm zu schlafen. Die Situation wird brisanter; da sagt sie in einer letzten Anstrengung, um ihm ihre mangelnde Begeisterung mitzuteilen: ›Wenn du mit mir schlafen willst, nimm ein Präservativ.‹ Er interpretiert den Satz als ein Ja, doch in Wirklichkeit ist es ein Nein. Und dem Verfasser des Stücks zufolge ist das, was geschieht – mit Präservativ oder ohne –, eine Vergewaltigung.«[36]

Worte genügen also nicht, um einem Geschlechtsakt Legitimation zu verschaffen. Jenseits der Worte gilt es die unausgesprochenen Absichten zu ermessen, den uneingestandenen Widerwillen und all die Schwierigkeiten, die das weibliche »Nein« enthält. Man muss eine weibliche Passivität und Vorsichtigkeit berücksichtigen, die man nicht für überwunden halten sollte. Nach dieser Doktrin unterliegt das Ja einer Frau also einem Vorbehalt, zumindest wenn es nicht laut und deutlich gerufen wurde. Wie der Philosoph Michel Feher meint, »schwebt über diesem Ja immer ein Schatten des Zweifels an der Zustimmung, die eine Frau gegenüber den Machenschaften ihres Verführers äußert«.[37]

Erstaunlicherweise wird die Rücksicht auf die weibliche Zaghaftigkeit oder die verborgenen Absichten der Frau selten in der umgekehrten Situation ins Auge gefasst: bei dem Nein, das ja bedeutet. Der französische Soziologe Eric Fassin, ein erklärter Parteigänger des amerikanischen Feminismus, erkennt an, dass »die Frau nicht selten eine symbolische Weigerung, einen formellen Widerstand äußert, um ihre Zustimmung umso deutlicher zum Ausdruck zu bringen«; doch darin sieht er nur ein Überbleibsel aus der viktorianischen Epoche.[38] Patrick Hochart und Claude Habib dagegen verweisen uns in ihrer Neuinterpretation des fünften Buches von Rousseaus *Émile* auf die Asymmetrie der Geschlechterrollen und auf die Komplementarität der weiblichen und männlichen Begierden.[39] Vielleicht sei es ja in der Natur verankert, dass der Mann »erobert« und die Frau einer sanften Gewalt »nachgibt«. Eine Auffassung, die aus feministischer Sicht natürlich völlig unannehmbar ist, weil sie jeder Art von Missbrauch Tür und Tor öffnet.

Trotzdem, wenn man zugibt, dass eine Frau ja sagen und nein meinen kann, müsste man auch das Umgekehrte einräumen. Es sei denn, man würde ein für allemal das Wort

»Scham« aus unserem Wortschatz streichen, als das Zeichen eines nicht mehr existenten Gefühls oder einer überkommenen Heuchelei. Trifft dies zu? Höchstens wenn man annähme, Herz und Körper marschierten immer im gleichen Takt, und wir blieben letztlich immer Herren unserer Begierden. Doch die Konsenstheorie braucht sich um solche Lappalien nicht zu kümmern. Sie verlangt, dass wir mit einem Schlag den vollständigen Katalog unserer Lüste und Abneigungen aufstellen. Was uns geradewegs zur Idee eines sexuellen Vertrags hinführt.

Zustimmung und Vertrag

Auf viel Spott stieß in Frankreich, aber auch in den USA, eine Initiative des Antioch College, Ohio, das zu Beginn der neunziger Jahre eine Charta zur Regelung des Geschlechtsakts verkündete. Sie sollte Gegenstand einer detaillierten Übereinkunft zwischen den beiden Parteien über sämtliche Etappen des Vorgangs werden. Das schloss ein, dass ein sexueller Antrag gestellt und jede einzelne Geste sexueller Intimität positiv beschieden wurde. Das Ideal war ein ausformulierter Vertrag – warum nicht vor einem Notar? –, um jede nachträgliche Streitigkeit auszuschließen.

Selbst den überzeugtesten Feministinnen erschien dieser sexuelle Kontrakt als abwegige Karikatur der wechselseitigen Zustimmung. Eine Sexualität, die nicht den geringsten Platz für Einbildungskraft und Spontaneität lässt, bezeichnet das Ende der Erotik. »Die Wahrscheinlichkeit«, bemerkt Michel Feher, »dass zwei künftige Liebende genau im selben Takt zum freien und gleichen Austausch voranschreiten, der ihrem erotischen Spiel allein Legitimation verschaffen könnte, dass ihre natürlichen Begierden genau im selben Moment und im selben Rhythmus erwachen und reifen – diese

Wahrscheinlichkeit ist natürlich sehr gering.«[40] Dennoch ergibt sich dieser absurde Vertrag logisch aus der Transparenz, wie sie die Konsenstheorie vorschreibt. Wenn unerwünschte sexuelle Aufmerksamkeit schon als Belästigung gilt, wenn die Mehrdeutigkeit der Worte und Gesten bereits strafrechtliche Verfolgung auslösen kann und – aller Lebenserfahrung zum Trotz – jemand, der sich nicht eindeutig äußert, damit seine Zustimmung verweigert, dann bedarf es in der Tat vorheriger vertraglicher Regelungen. Für das Spiel des Ungesagten, der Verhüllungen und Enthüllungen, der überraschenden Vorstöße gibt es bei diesem »legalen« Sex keinen Platz mehr.

Aus diesem Grunde haben die amerikanischen Feministinnen, darin konsequenter oder dogmatischer als andere, vorgeschlagen, die Vertragsform zur Norm für heterosexuelle Beziehungen zu machen. In einem kleinen Essay, der seiner Autorin einen Preis der American Philosophical Association einbrachte, entwickelt die Philosophin Loïs Pineau das Modell des *communicative sex*, das sich von den Regeln des Antioch College leiten lässt. Ein solches Modell hat in ihren Augen den Vorzug, dass kein Mann mehr argumentieren könne, ein Nein heiße in Wirklichkeit ja. Auf diese Art lasse sich die Zahl der Vergewaltigungen, insbesondere beim Dating, beträchtlich vermindern. Auffällig ist, dass Loïs Pineau im Gegensatz zu Catharine MacKinnon annimmt, Frauen seien durchaus imstande, explizit oder verbal zu äußern, was sie wollen, ohne es bei Gesten oder Andeutungen zu belassen.[41] Eindeutige sprachliche Äußerungen stellen nun keine Hürde mehr dar, sie sind sogar unumgänglich.

In Frankreich ist das Thema des sexuellen Vertrags niemals in diesen Begriffen formuliert worden. Zustimmung, so heißt es, »ist ein schönes Wort und eine gute Sache«.[42] Welche Sache das ist, bleibt vorsichtshalber unbestimmt. Natürlich versteht jeder, was verweigerte Zustimmung und was umgekehrt sinnliche Gier bedeuten. Aber wir wissen auch, dass in Liebesdingen das Ja oft im Zwielicht des Vielleicht, der Unentschlossenheit, des gleichzeitigen Nein bleibt. Von dieser komplexen, manchmal widersprüchlichen Grauzone wollen wir lieber nichts wissen. Das Unbewusste hat in der feministischen Theorie und Politik keinen Ort mehr. Das ist der Preis, der für die Forderung nach Transparenz zu zahlen ist.

Der einzige bekannte Fall einer sexuellen Vertragsbeziehung ist die zwischen Prostituierten und ihren Klienten. Aber gerade diese wird von den »abolitionistischen« Feministinnen, die die Prostitution abschaffen wollen, bekämpft. Immerhin liegt dieser Beziehung eine vorgängige Übereinkunft zwischen den beiden Parteien über die vereinbarten oder abgelehnten Gesten und Handlungen zugrunde. Jede davon hat ihren Preis, und die unabhängige Prostituierte kann die Forderungen des Kunden entweder akzeptieren oder ablehnen. Die Transparenz ist vollkommen und weder durch Scham noch durch Gefühle getrübt. Paradoxerweise soll dieser Vertrag gerade deshalb nichtswürdig sein. In den Augen der Prostitutionsgegnerinnen kann es freie Zustimmung zu einer Sexualität, die sich völlig außerhalb von Gefühl oder Begehren ansiedelt, aber nicht geben. Aus seinem Körper den Gegenstand einer Geschäftsbeziehung zu machen ist das Zeichen von Sklaverei und also Entfremdung. Keine geistig gesunde Frau, so erfahren wir, kann aus freien Stücken in der Prostitution »versinken«. Einzig ökonomisches Elend, körperlicher Zwang durch einen Zuhälter oder eine belastete psychische Vergangenheit können eine solche Situation erklären. Jedenfalls hat die Zustimmung der Prostituierten keinen Wert und der sexuelle Vertrag keine Gültigkeit. Es verwundert daher nicht, dass manche der Feministinnen, die die Prostitution abschaffen möchten, Vergewaltigung und Prostitution miteinander vermengen. »Die Vergewaltigung der Frauen liefert den unbezweifelbaren Beweis für die Herrschaft der Männer über die Frauen. Er macht sie sichtbar. Die Prostitution liefert den weiblichen Körper der imaginären (*sic*, E. B.) und realen Gewalt aus, deren Träger der Klient ist.«[43]

DAS MODELL DER WEIBLICHEN SEXUALITÄT

Empirische Untersuchungen zur Sexualität stellen regelmäßig fest, dass Männer und Frauen in diesem Bereich unterschiedlich empfinden. Die Frage, ob man Sex und Gefühl voneinander trennen kann, wird von den Männern ohne Zögern bejaht, von den Frauen verneint. Obwohl sexuelle Klischees ihre prägende Kraft allmählich verlieren und, wie Janine Mossuz-Lavau betont, »die Frauen beginnen, sich wie Männer zu verhalten, während die Männer Gefühle entwickeln«,[44] lebt die Idee eines Unterschieds zwischen männlichem und weiblichem Begehren fort.

Bei einer Diskussion zwischen Pascal Bruckner und Paula Jacques zu diesem Thema erinnerte Bruckner daran, dass »die männliche Sexualität einfach und mechanisch« sei: »Das Begehren geht geradlinig aufs Ganze; kein Zufall, dass es Prostitution nur für Männer gibt (?, E. B.), denn da geht es ums unmittelbare Begehren.« Ganz ähnlich hebt Paula Jacques die unterschiedlichen Zeitlichkeiten und die archaische Position des männlichen Jägers hervor. Es sei für die Frauen verhängnisvoll, dass sie nicht »diese sofortige, flüchtige und instabile Sexualität der Männer« hätten. Und so stellt sich die Frage: »Können sie sich nur erregen, wenn ein Liebesgefühl dabei ist, das heißt eine Konstruktion?«[45]

Auch wenn Catherine Millet und ihre jungen Schwestern diesem verhängnisvollen Denken offenbar entgehen, unterstreichen soziologische Untersuchungen nach wie vor die sozialen, aber auch psychologischen Unterschiede zwischen weiblichem und männlichem Begehren. Beides hat, so Michel Bozon,»im Sexualleben eines Paares nicht dasselbe Gewicht und dieselbe Berechtigung. Auf die Frage, wer beim letzten Geschlechtsverkehr die meiste Lust gehabt habe, erklären Männer und Frauen in weniger als einem von zehn Fällen, es sei die Frau gewesen, in vier von zehn Fällen der Mann und in den übrigen Fällen beide in gleichem Maße. Häufiger noch als die Männer betrachten die Frauen das männliche Begehren als das dominierende«.[46]

Mit feinem Gespür für diese Differenzierung des Begehrens je nach Geschlecht wendet sich der pornographische Film gegenwärtig den Frauen zu. Der Anstoß dazu kam aus Dänemark, wo Lars von Trier drei »Filme für weibliche Erwachsene« produziert hat. Lisbeth Lynghøft, die Regisseurin eines dieser Filme, erklärte dazu, dass Sexfilme zu neunzig Prozent von Männern für Männern gemacht würden und dass es an der Zeit gewesen sei,»auf dem Gebiet der Erotik und Pornographie spezifisch weiblichen Erwartungen entgegenzukommen. Frauen wollen mehr Vorspiel sehen, der Körper soll als Ganzes zur Geltung kommen, nicht bloß auf die Geschlechtsteile reduziert werden; sie erwarten eine allmähliche Dramatisierung der Handlung sowie Personen, die glaubwürdig Gefühle zeigen. Die einzige Grenze ist der Respekt vor der Frau, die auf keinen Fall vergewaltigt oder unterworfen werden darf.«[47]

»Vorspiel«,»allmählich«,»Gefühle«: Das ist das traditionelle Triptychon, das die weibliche Sexualität charakterisiert; »Penetration«,»Konsum«,»Herrschaft« sind die Merkmale der männlichen. Es liegt auf der Hand, dass Letztere für die Feministinnen der zweiten Welle ein Problem darstellt.

Die Vorwürfe gegen die männliche Sexualität

Wenn man Sexualität als Grundlage der Unterdrückung der Frauen durch die Männer versteht und auch die soziale Unterlegenheit der Frauen daraus erklärt, stehen je nachdem, ob man eine essenzialistische oder kulturalistische Philosophie vertritt, zwei Möglichkeiten offen. Im ersten Fall wäre eine Trennung der Geschlechter anzustreben und Heterosexualität abzulehnen. Im zweiten Fall müsste sich der Kampf auf die Transformation der männlichen Sexualität richten. Tatsächlich hat der amerikanische Feminismus in den siebziger Jahren beide Optionen verfolgt. Doch die wiederholten Appelle des lesbischen und separatistischen Feminismus, mit den Männern zu brechen, haben sich – nicht sehr überraschend – als wirkungslos erwiesen. Noch 1984 forderte die amerikanische Philosophin Joyce Trebilcot die Frauen eindringlich dazu auf, sich aus der Institution Heterosexualität zurückzuziehen.[48] Doch der Befehl wurde nicht befolgt. An die Stelle dieses Diskurses trat der kulturalistische Feminismus: »Ohne ihre Werte aufzugeben, treten die Hüterinnen der weiblichen Authentizität nunmehr einen strategischen Rückzug an und ziehen es vor, die Kultur und die Sexualität, die sie den Frauen zuschreiben, mit allen rechtlichen Mitteln zu verteidigen. Anders gesagt, die zweite Welle des Feminismus, in der Juristinnen (wie Catharine MacKinnon, E. B.) eine prominente Rolle spielen, lässt die Frage, ob männliche und weibliche Sexualität miteinander vereinbar sind, einstweilen offen und konzentriert ihre Anstrengungen auf den Kampf gegen alle Arten von Missbrauch durch die sexuelle Macht der Männer.«[49]

Auch wenn es vordergründig nicht mehr darum geht, das Wesen des Mannes zu bekämpfen, sondern nur seine pathologischen Erscheinungsformen (Pornographie, Belästigung, Gewalttätigkeit, Prostitution, Vergewaltigung), ist die Kritik an der Männlichkeit so radikal und umfassend, dass nur eine sehr kleine Minderheit von Männern vielleicht den Anspruch erheben kann, dem Bannfluch zu entgehen. In den Schriften von Andrea Dworkin, Catharine MacKinnon oder Kathleen Barry wird die männliche Sexualität insgesamt in Frage gestellt, und mit ihr die Heterosexualität.

Während ihrer Kampagne gegen die Pornographie entwickelten Dworkin und MacKinnon ihre Theorie des beutegierigen und vergewaltigenden Mannes. In einem ersten Schritt fordern sie: die Wiederherstellung der weiblichen Sicht der Sexualität. »Bis heute hat der angeblich objektive Standpunkt der Männer dazu gedient, eine sehr klare Trennlinie zwischen Vergewaltigung und sexuellen Beziehungen, zwischen sexueller Belästigung und normaler sexueller Annäherung, zwischen Pornographie und Obszönität einerseits und Erotik andererseits zu ziehen. Der männliche Standpunkt definiert sie durch Unterscheidung. Doch die Erfahrung der Frauen erlaubt es nicht, die gewöhnlichen, normalen Ereignisse so klar von Formen des Missbrauchs zu trennen … Wir meinen, dass Sexualität gerade auch in diesen gewöhnlichen Formen uns in Wirklichkeit häufig Gewalt antut. Solange wir solche Dinge immer noch als Missbrauch bezeichnen und ihre Wurzeln in der Gewalt, nicht im Sex suchen, … lassen wir die Trennlinie zwischen Vergewaltigung und sexuellen Beziehungen, sexueller Belästigung und sexuellem Rollenverhalten, Pornographie und Erotik unverändert dort, wo sie gezogen wurde.«[50] Deutlicher lässt sich der Verdacht (oder die Gewissheit) kaum zum Ausdruck bringen, dass der banalste heterosexuelle Akt in Wirklichkeit eine Vergewaltigung ist.

In demselben Artikel erinnert MacKinnon auch daran, dass zur rechtlichen Definition der Vergewaltigung die Penetration gehört. Aber gerade auf dem Eindringen des Penis in die Vagina beruht die Heterosexualität als gesellschaftliche Institution.[51] Der Unterschied zwischen beidem ist also unwesentlich. Doch die Frauen, so MacKinnon, sind derart daran gewöhnt, die Sexualität aus einer männlichen, das heißt ihnen selbst fremden Sicht zu betrachten, dass sie sich für frei halten, obwohl sie es nicht sind. Ob ihr Partner nun ihr Liebhaber, Ehemann oder Vergewaltiger ist – stets befinden sie sich in einer Situation von Unterwerfung und Zwang. Der zweite Schritt: die Anklage des Penis. Diesmal führt Andrea Dworkin, die sich offen zu ihrer Homosexualität bekennt, den Angriff auf »ein Stückchen Fleisch, wenige Zentimeter lang«,[52] von dem alle männliche Gewalt ausgeht. Monoton und zwanghaft entfaltet Dworkin das Thema eines allmächtigen, gewalttätigen und verletzenden Penis als Inbegriff von Männlichkeit: »In der gesamten männlichen Kultur wird der Penis als Waffe gesehen, besonders als Schwert. Das lateinische Wort ›Vagina‹ heißt ja wörtlich übersetzt ›Scheide‹. In der Männergesellschaft nimmt Reproduktion genau diesen Charakter an: Sie ist ein Zwang, der unweigerlich zum Tode führt. Der Penis und das Sperma gelten als für die Frau potenziell todbringend (*sic*, E. B.). Jahrhundertelang haben Frauen sich dem ›Sex‹ widersetzt, hatten keinen Spaß an ›Sex‹, waren ›frigide‹, haben sich dem ›Sex‹ entzogen. Das war die schweigende Rebellion der Frauen gegen den Zwang des Penis … Die Aversion der Frauen gegen den Penis und gegen Sexualität … darf nicht als Puritanismus angesehen werden …, sondern als Weigerung der Frauen, dem wichtigsten Werkzeug männlicher Aggression gegen Frauen zu huldigen.«[53]

Wie ihre Freundin MacKinnon, nur noch rückhaltloser, zieht Dworkin den Schluss, dass Vergewaltigung das Paradigma der Heterosexualität sei. Jedenfalls so lange, wie sich das Wesen der Männlichkeit nicht grundlegend geändert hat.

Der dritte Schritt steht noch bevor: die Zivilisierung, Besänftigung und Demokratisierung der Männlichkeit und ihrer sexuellen Ausdrucksform, denn nur auf diese Weise lässt sich der infernalische Gegensatz zwischen dem beutegierigen Mann und seinem wehrlosen Opfer auflösen.

Die Zivilisierung der männlichen Sexualität

Während die Texte, in denen die männliche Sexualität attackiert wird, nicht mehr zu zählen sind, finden sich Hinweise darauf, wie sie zu sein hätte, nur selten. Allerdings lässt sich dieses Ideal gleichsam als Umkehrbild aus der Kritik erschließen. Wenn jede Penetration eine Aggression ist, so ist die wünschenswerte Sexualität eine solche, die die Vagina mit Zärtlichkeiten »überschwemmt« – um eine Formulierung von Dworkin zu benutzen. Wenn hinter jedem heterosexuellen Akt eine Vergewaltigungsdrohung steht, so lässt sich eine Sexualität, die davon frei wäre, mit vier Worten beschreiben: Intimität, Zärtlichkeit, Kooperation und Gefühl.[54] Florence Montreynaud wiederum, die nicht die Heterosexualität als solche, sondern nur deren Machogehabe in Frage stellt, weist darauf hin, »dass das sexuelle Vokabular vom *machismo* geprägt ist. So wird jede Lust außer der Penetration der Vagina zur ›Vorlust‹ degradiert. Liebe machen heißt eine Frau ›besitzen‹ oder ›nehmen‹. Verführung wird als eine militärische Operation betrachtet, bei der sich die Frau wie eine Festung verteidigt, bis der Mann ›abschießt‹, und damit ist die Sache dann erledigt«.[55]

Man könnte einwenden, dass Männer mit solchen Sexualpraktiken nichts weiter demonstrieren als Ungeschick und Ahnungslosigkeit. Sie sind schlechte Liebhaber und nicht unbedingt Machos. Im Übrigen sind die Frauen keine willenlosen Objekte mehr. Abgesehen von dem Fall des körperlichen Zwangs – bei dem es sich tatsächlich um Vergewaltigung handelt – sind sie durchaus imstande zu sagen, was ihnen nicht gefällt, und eine Wiederholung dieser Erfahrung zu vermeiden. Und die Erfahrung von »Vorlust« gehört zu einem Lernprozess, den beide Geschlechter machen müssen, hat aber nicht unbedingt etwas mit den vier Imperativen zu tun, die nach Dworkin die weibliche Sexualität ausmachen.

Ist diese Sicht der weiblichen Sexualität im Übrigen nicht sehr einseitig? Was würden Catherine Millet und viele andere zu diesem sehr traditionellen Modell von Weiblichkeit sagen (auch wenn es vielleicht noch von einer Mehrheit geteilt wird)? Selbst wenn man nicht so weit geht wie Andrea Dworkin, die eine Rückkehr zur prägenitalen Sexualität der Kinder befürwortet – liegt darin nicht die Aufforderung, die männliche Sexualität zu verweiblichen? Intimität und Zärtlichkeit sind nicht das A und O allen Begehrens. Die Gewalt der Triebe ist nicht ausschließlich männlich und führt nicht geradewegs zur Vergewaltigung. Davon ist freilich nie die Rede. So wenig wie von denen, die – im Unterschied zu O, der Heldin von Pauline Réages *Geschichte der O* – ohne Komplexe einen Dompteur im Bett und außerhalb davon einen »Partner« verlangen.[56]

Dass Sexualität in vielfältigen Formen auftritt, muss nicht erst bewiesen werden, dass die Libido komplex ist, ebenso wenig. Trotzdem hat man immer wieder versucht, das Begehren zu domestizieren. Insoweit erleben wir gegenwärtig eine Rückkehr in die Welt vor Freud. Gewiss, im 19. Jahrhundert ging es darum, die Libido zu kanalisieren und auf den Bereich der Ehe zu beschränken. Außerehelicher Genuss war Männern und Frauen gleichermaßen verboten (auch wenn die Sanktionen für Frauen viel drastischer waren als die für Männer). Heute ist es vor allem die männliche Sexualität, die es einzudämmen gilt. Nicht so sehr dadurch, dass der geschlechtliche Verkehr mit nicht voll zurechnungsfähigen Wesen wie Kindern oder Irren verboten wird – was nicht neu ist[57] –, sondern indem man das Wesen der zulässigen Sexualität neu definiert.

Anlässlich der Debatte über die Prostitution wurden Auffassungen vertreten, über die man nur den Kopf schütteln kann. Man müsse »den männlichen Trieb bremsen«, schreibt François Héritier, die sich offenbar im Jahrhundert und in der Gesellschaft täuscht, wenn sie sich gegen die alleinige »Zulässigkeit« der männlichen Sexualität wendet: »Ein Punkt, der nie zur Diskussion gestellt wurde, ist Folgender: dass *ausschließlich* der männliche Trieb als statthaft gilt, dass er zwangsläufig als legitimes Element zur Natur des Mannes zählt, dass er ein Recht hat, sich zu äußern – alles Dinge, die dem weiblichen Trieb abgesprochen werden, wenn man ihm nicht überhaupt die Existenz bestreitet ... Der männliche Trieb darf nicht behindert oder gehemmt werden; es ist legitim, dass er sich äußert, außer wenn er es auf gewaltsame und brutale Weise tut.« Obwohl man meinen könnte, dass der Feminismus der siebziger Jahre nun gerade diese Asymmetrie beseitigt hat, ruft Héritier dazu auf, die Frage nach der »scheinbar natürlichen Evidenz der Legitimität des männlichen Sexualtriebs« zu stellen, »nicht um ihn völlig zu unterdrücken (?, E. B.), was sinnlos wäre, sondern um zu einer Praxis zu gelangen, welche die gleichzeitige Legitimität des weiblichen Triebs anerkennt«.[58] Die diversen Untersuchungen über die Sexualität der Französinnen und Franzosen zeigen, dass diese Frage längst gestellt worden ist und dass sich gegenwärtig ein neues Gleichgewicht austariert. Die Epoche, in der das weibliche Begehren erstickt wurde, ist vorbei, und ebenso die Zeit der »moralischen Verdammung und sozialen Entwertung schutzloser Frauen, die sich der männlichen Begehrlichkeit nicht zu entziehen wussten«.[59] Je nachdem, welchen Standpunkt man gegenüber der weiblichen Sexualität einnimmt, ist die Flasche halb voll oder halb leer – aber bestimmt nicht völlig leer!

Was bedeutet es, den männlichen Trieb zu »bremsen«? Erziehung und Kultur lehren uns, ihn zu sublimieren. Das Gesetz versucht ihn in den Schranken der wechselseitigen Verantwortlichkeit zu halten. Doch er lässt sich nur sehr schwer formen, wie die vermischten Nachrichten jeden Tag aufs Neue beweisen. Die triebhafte Seite ist niemals völlig zähmbar. Die Sexualität gehorcht nicht nur dem Bewusstsein und nicht nur den moralischen Imperativen, wie sie in dieser oder jener Epoche definiert werden. Sie ist auch nicht mit den Bürgerrechten zu vermengen. Sie gehört einer anderen Welt an, einer Welt der Phantasien, des Egoismus und des Unbewussten. Deshalb meint man zu träumen, wenn man liest, es sei »an der Zeit, dass die Männer ihre Sexualität in Frage stellen«,[60] oder es gehe darum, »die Bürger zu einem Verhältnis zwischen Männern und Frauen zu erziehen, das auf Gleichheit und Achtung des anderen beruht, und eine *archaische Sichtweise der männlichen Sexualität* aufzugeben.«[61] Als ob man die Sexualität dem Zeitgeschmack anpassen könnte wie eine Mode!

Und die Verblüffung wächst noch, wenn man aus der Feder der Abolitionistin Marie-Christine Aubin den Aufruf liest: »Wir fordern die Männer in den gesellschaftlichen Vereinigungen, politischen Parteien und Gewerkschaften auf, sich auf Zusammenkünften über ihre Sexualität und ihr Verhält-

nis zum Prostitutionssystem zu verständigen, ... Lösungs-
vorschläge für ihre Instinkte, Begierden, ununterdrückbaren
Bedürfnisse vorzuschlagen ... und auf die Beseitigung der
Gewalt hinzuarbeiten, die Frauen und Kindern mit dem
stumpfsinnigen, kommerziellen und unerwünschten Geschlechtsakt angetan wird.«[62] Als ob der militante Feminismus dem männlichen Trieb Vorschriften machen könnte,
als ob es nötig wäre, immer gleich »Frauen und Kinder« zu
assoziieren (offenbar gibt es keine Adoleszenz mehr, das
Kind wird ohne Zwischenstadium zum Erwachsenen, Prostituierte ausgenommen: die werden nie ganz erwachsen), als
ob man per Parteitagsbeschluss mit der Mehrheit der Stimmen über die richtige Sexualität entscheiden könnte! Vielleicht sollte man den Männern lieber eine obligatorische Ta-
gesdosis Brom verabreichen![63]

Die Verweiblichung der Knaben

Wie es scheint, ist die weibliche Sexualität von den beiden
Möglichkeiten die empfehlenswertere. Nicht nur ihre Sanft-
heit und Zartheit trennen sie von der Gewalttätigkeit und
Herrschaft der archaischen Sexualität der Männer, sondern
schon ihre Physiologie. Um diesem unaufhebbaren Unterschied abzuhelfen, drängt sich mehr oder weniger offen eine
Lösung auf: Es gilt die männliche Sexualität der weiblichen
anzunähern. Dazu müssen wir unsere Söhne wie unsere
Töchter erziehen. Wie die amerikanische Feministin Christina Hoff Sommers in ihrem Buch *The War against Boys* gezeigt hat,[64] ist der Krieg gegen die männlichen Geschlechterrollen in den USA bereits eröffnet. Es geht nicht nur
darum, die Exzesse der Männlichkeit zu bekämpfen, sondern die Männlichkeit als solche, die vermeintliche Ursache
aller Gewalt. Immer seltener, merkt Hoff Sommers an, fin-

det mannhaftes Verhalten Lob und Anerkennung. Stattdessen werden die damit verbundenen positiven Werte systematisch herabgesetzt. Mut und die Bereitschaft zum Risiko werden mit Gedankenlosigkeit assoziiert, weil sie dem Prinzip der Vorsicht zuwiderlaufen; bei Kraft denkt man sogleich an Gewalt, die nichts als Schaden anrichtet, und bei Eroberungslust an einen tadelnswerten Imperialismus, die Hauptsünde.

Dieses Verständnis von Männlichkeit ist in doppelter Hinsicht verheerend. Zunächst einmal gehören diese traditionell dem Mann zugeschriebenen Merkmale in Wirklichkeit beiden Geschlechtern an. Wer sie verleumdet, nimmt sie nicht nur dem männlichen Geschlecht, sondern verbietet sie auch dem weiblichen. Wer die Frauen immer nur als schutzbedürftige Opfer betrachtet, kommt nicht auf den Gedanken, sie könnten auch nein sagen, ein Paar Ohrfeigen verteilen, kurz, sich physisch und verbal verteidigen. Das Bild der stummen, passiven und unterworfenen Frau ist mit dem Erlernen von Kampfsportarten in der Schule unvereinbar. Nicht wenige Feministinnen der siebziger Jahre haben die (für ihre ideologische Einstellung) schreckliche Erfahrung machen müssen, dass eine asexuelle Erziehung scheiterte. Nicht dass man die Aufgaben von Frauen und Männern im Haushalt trennen sollte, doch es ist absurd und gefährlich, den kleinen Mädchen und den kleinen Jungen das gleiche Spielzeug, die gleichen Tätigkeiten und Identifikationsobjekte aufzuzwingen. Von vitaler Bedeutung ist der Erwerb der Geschlechtsidentität, und er vollzieht sich – auch wenn es manchem missfallen mag – mithilfe von Kontrasten, Karikaturen und Klischees. Nicht nur darf er beim Jungen keine Qual hervorrufen,[65] er ist auch Voraussetzung für die spätere Begegnung mit dem anderen Geschlecht. Erst wenn das männliche Identitätsgefühl nicht mehr in Zweifel steht,[66] schwinden die Grenzen, und heimliches Einverständnis kann sich einstellen. Die Ähnlichkeit der Geschlechter steht am Ende des Weges und gewiss nicht am Anfang. Die Erziehung kann alles, behauptete der Philosoph Gottfried Wilhelm von Leibniz, sogar Bären zum Tanzen bringen. Doch kleine Jungen sind keine Bären, und man spielt nicht mit dem Erwerb der sexuellen Identität.

Deshalb muss man sich Gedanken machen, wenn man hört, dass hier und dort der ernsthafte Wille besteht, die männliche Sexualität nach dem Bild der weiblichen zu modellieren oder den Körper unter polizeiliche Aufsicht zu stellen. Was ist zum Beispiel von der Forderung zu halten, die Männer sollten sitzend urinieren, so wie es die Frauen tun? Diesen launigen Einfall hatten nicht nur Frauen aus dem Alternativmilieu von Berlin. *Libération* berichtete 1998, dass überall in deutschen »Klos Verbotsschilder hängen, die einen stehend urinierenden Mann zeigen, der mit einem dicken roten Balken durchgestrichen ist: Da sie angeblich unfähig sind, im Stehen zu pinkeln, ohne die Toilette zu überschwemmen, werden die Männer genötigt, sich auf der Schüssel niederzulassen«.[67] Nicht anders in Schweden, wo es in bestimmten hygienisch-feministischen Kreisen zum guten Ton gehört, dem kleinen Jungen beizubringen, Pipi zu machen wie ein Mädchen. Bereits 1996 verfasste ein erboster Leser des *Göteborgsposten* eine Anklage gegen »jene grausamen Mütter, die ihre kleinen Lieblinge zwingen, im Sitzen zu pinkeln«. Das englische Journal *Sterling Times* widmet im April 2000 diesem Phänomen, das inzwischen eine ganze Generation junger Schweden trifft, einen langen Artikel. Sie berichtet unter anderem von der Kampagne einer feministischen Gruppe an der Universität Stockholm, die die Entfernung aller Pissoirs fordert. Beim Wasserlassen aufrecht zu stehen gilt als Gipfel von Vulgarität und als suggestives Zeichen latenter Gewalt, kurz: als eine widerliche Machogeste. Einstweilen sträuben sich die Männer, wagen es aber nicht, offen Widerstand zu leisten. Viele junge Väter fühlen sich von ihrer Partnerin genötigt, ihrem Sohn diese neue, eigentlich weibliche Körpertechnik beizubringen.

Man mag darüber lächeln oder darin ein Symbol sehen, dessen Gewalt gewiss sanfter ist als jene, von der der belgische Autor Samia Issa aus einem palästinensischen Flüchtlingslager im Libanon berichtet,[68] wenngleich zwischen beiden durchaus eine Symmetrie besteht. Dort haben die Männer die Frauentoiletten abgeschafft, weil von diesen eine provozierende Wirkung ausgehe. Die Frauen sind deshalb gezwungen, Plastikbeutel zu benutzen. In diesem Fall ist mit Recht von männlicher Herrschaft die Rede. Doch würde man im ersten Fall von weiblicher Herrschaft sprechen?

Was die Frage der Sexualität angeht, wird der gegenwärtige defensive Feminismus von einem doppelten Widerspruch durchzogen. Ohne je über die sexuelle Freiheit der Frauen ein Wort zu verlieren, predigt er eine immer stärkere Eindämmung der männlichen Sexualität, die auf indirektem Wege auch die der Frauen erreicht. Die ständige Ausweitung des Begriffs sexueller Verbrechen und deren seit einigen Jahren verschärfte Verfolgung zeichnen das Bild eines legalen, moralischen und geheiligten Sex, der in radikalem Gegensatz zu jener sexuellen Freiheit steht, die die jüngeren Generationen nutzen – manche würden sagen: missbrauchen. Im Übrigen proklamiert dieser Feminismus, der ansonsten dem Differenzdenken keineswegs abhold ist, eine Ähnlichkeit der Geschlechter dort, wo sie nun gerade nicht besteht. Gegen das männliche Imperium zu kämpfen ist eine Notwendigkeit; doch die Dekonstruktion der Männlichkeit mit dem Ziel einer Ausrichtung an der traditionellen Weiblichkeit ist ein Irrtum, wenn nicht ein Fehler. Den Mann ändern heißt nicht ihn vernichten. Der eine *ist* die andere, sofern der eine *und* die andere weiterbestehen.

4

REGRESSION

DIE ERSTE UND WICHTIGSTE AUFGABE des Feminismus gleich
welcher Tendenz besteht darin, die Gleichheit der Geschlechter herzustellen, und nicht darin, die Beziehungen
zwischen Männern und Frauen zu verbessern. Man darf das
Ziel nicht mit seinen weiteren Folgen verwechseln, auch
wenn manche sich und anderen gelegentlich weismachen
wollen, beides gehe Hand in Hand. Die feministischen Mei-
nungsverschiedenheiten über den Begriff der Gleichheit und
die Mittel, sie zu erlangen, bringen sehr unterschiedliche
Standpunkte über das Verhältnis der Geschlechter ans Licht.
Ein gutes Einverständnis mit den Männern aufrechtzuerhal-
ten, halten manche Feministinnen für entscheidend, andere
für unwesentlich, manche für unmöglich.

Jeder feministische Diskurs richtet sich vorwiegend an ein
weibliches Publikum, das auf die ideologischen Fehden der
Theoretikerinnen durchaus verzichten kann, obwohl die
Frauen als Erste deren Konsequenzen zu spüren bekommen.
Doch in den Augen der meisten Frauen lässt sich ihre Situ-
ation nur verbessern, wenn eine Gleichheit errungen wird,
die ihre Beziehungen zu den Männern nicht aufs Spiel setzt.
Sie wissen durchaus, dass man dem Herrn und Meister seine
Privilegien nicht ohne Widerstand und Zähneknirschen ent-
reißt, aber sie wissen auch, dass die amerikanische Anthro-

pologin Margaret Mead Recht hat mit dem Satz: Wenn ein Geschlecht leidet, leidet das andere ebenfalls. Selbst wenn den einen die Fortschritte zu langsam scheinen und den anderen die Verteilung der Beute zu schnell geht, haben die meisten Frauen und Männer den Wunsch, zusammenzuleben und besser zu leben. Und das heißt, dass der radikale Feminismus wenig Chancen hat, Gehör zu finden.

Heute stellt sich die Frage nach der Bilanz der feministischen Strömung, die in den letzten fünfzehn Jahren vorherrschend war. Im Zuge der Globalisierung der Gesellschaft beruft sich der Feminismus heute bald auf das Differenzdenken, bald auf die Position des ewigen Opfers, manchmal auf beides zugleich. Mühelos breitet er sich in den politischen Parteien der Rechten wie der Linken aus, in den europäischen Institutionen und in der übrigen Welt. Zwei Grundüberzeugungen sind es, zu denen sich der Feminismus bekennt: Die Frauen sind immer die Leidtragenden und brauchen aus diesem Grund besonderen Schutz. Sie sind von den Männern wesentlich verschieden, und bei der Geschlechtergleichheit ist dieser Unterschied zu berücksichtigen.

Diese beiden oft voneinander untrennbaren Postulate, die in der gesamten Europäischen Union vorherrschen, entwerfen ein Modell der Beziehung zwischen den Geschlechtern und ein Verständnis von Gleichheit, deren Konsequenzen noch zu ermessen sind. Wie steht es heute mit dem Verhältnis zwischen Männern und Frauen? Ist die Ehre, die der biologischen Differenz neuerdings wieder erwiesen wird, der Emanzipation der Frauen förderlich oder nicht?

WENN JEDER SICH FÜR DAS OPFER
DES ANDEREN HÄLT

Es hat keinen Zweck, die Augen davor zu verschließen: Die Beziehungen zwischen Männern und Frauen haben sich in den letzten Jahren kaum weiterentwickelt. Vielleicht haben sie sich wegen des zunehmenden Individualismus sogar verschlechtert. Die Streitfälle sind nicht weniger geworden, im Gegenteil. Beide Geschlechter stellen sich als Opfer des jeweils anderen dar, nur dass die Frauen mit erhobener Stimme sprechen und die Männer murmeln. Die Frauen äußern ihren Überdruss oder ihre Wut über die immer noch ungleiche Verteilung der Macht und der Pflichten. Die Männer fühlen sich jeder Eigenheit beraubt, nur noch als Adressaten widersprüchlicher Erwartungen. Sie sollen gleichzeitig die Tugenden ihrer Großväter bewahren (Sicherheit, Mut, Verantwortungsgefühl) und die ihrer Großmütter erwerben (Aufmerksamkeit, Zärtlichkeit, Mitleid). Kurz, sie haben oft den unangenehmen Eindruck, dass ihre Identität gegenüber den Frauen ihre klaren Konturen verliert. Die Frauen zögern nämlich immer weniger, sich wie die Männer von früher zu verhalten, ja sogar ihnen ihr Gesetz aufzuzwingen – im wörtlichen wie im bildlichen Sinn, individuell und gesellschaftlich.

Ansonsten sollte man sich vor Verallgemeinerungen hüten. Je nach sozialer Klasse und Generation kann das Verhältnis zwischen Männern und Frauen völlig differieren.[1] Es ist schlicht unangebracht, die Situation von Frauen in den besonders stark benachteiligten Wohnvierteln oder Vororten mit der von Frauen der Mittel- und Oberschicht zu vermengen. Es ist ungenau, ohne nähere Angaben einfach zu behaupten, *die* Frauen im Allgemeinen seien Opfer *der* Männer. Die Wirklichkeit ist unendlich viel komplexer und liefert jedem der beiden Geschlechter Argumente dafür, sich zum Geschädigten des anderen zu erklären.

Seit etwa fünfzehn Jahren lässt sich der Siegeszug der feministischen Ideologie konstatieren. Paradoxerweise entwickelt der Feminismus die These der ewigen Opferrolle der Frauen im selben Augenblick, in dem er seine Denkweise in großen Bereichen der Gesellschaft geltend macht und entsprechende Schutzgesetze in den Parlamenten durchzusetzen vermag. Seit der Verschärfung des Strafmaßes für Vergewaltigung haben wir die Schaffung einer Reihe neuer Sexualdelikte (Belästigung, Prostitution von Jugendlichen) erlebt, die vorwiegend die Männer im Visier haben, und die Verabschiedung von Gesetzen, die den Frauen zugute kommen (paritätische Repräsentation in der Politik, Namenrecht). Es geht hier nicht darum, die Richtigkeit dieser Maßnahmen zu diskutieren, sondern die reale Macht des Feminismus in nicht unerheblichen Bereichen der Gesellschaft hervorzuheben. Und man könnte hinzufügen, dass all diese Gesetze in den Medien starke Unterstützung gefunden haben und oft mit einem nach allen männlichen Regeln vorschriftsgemäß geführten Prozess einhergingen, ohne dass es zu irgendwelchen Protesten der Männer gekommen wäre. Deshalb entsteht im Lager der Männer das Gefühl, die Frauen seien vielleicht doch nicht so ohnmächtig, wie sie selbst gern behaupten.[2]

Das programmierte Ende ihrer (unhaltbaren) Privilegien erscheint ihnen wohl noch hinnehmbar, doch die Repression intimer Gewohnheiten und Verhaltensweisen, vor allem aber das diffuse Gefühl einer Kollektivschuld wird von den Männern immer weniger ertragen. Betrachtet man den Bericht zur Lage des Mannes, den die Zeitschrift *Elle* anlässlich des Internationalen Frauentags veröffentlichte,[3] gibt es kaum Grund zur Häme.

Fühlen sie sich einmal von dem konformistischen Zwang

zur Frauenfreundlichkeit befreit, haben die Männer aller Generationen keine Hemmungen, ihr Unbehagen und ihren Groll gegenüber den Frauen zu äußern, die sie als die großen Gewinnerinnen der letzten dreißig Jahre betrachten. Enteignet, desorientiert, verbittert oder ängstlich stellen sie sich in ihren schlimmsten Träumen den künftigen Mann als ein zum Objekt degradiertes, kastriertes, unnützes, selbst für die Fortpflanzung nicht mehr benötigtes Wesen vor. Die Älteren sprechen von »Karriereweibern«, von denen sie niedergebügelt wurden, die Jüngeren von »weiblicher Herrschaft«. Alle fürchten mehr oder minder ihre neuen Rivalinnen.

Liest man diese außergewöhnliche Befragung, stellt man fest, dass die Männer sich häufig als die Opfer einer aufgezwungenen Entwicklung und ungerechter Anklagen wahrnehmen. Sie schreiben den Frauen eine Allmacht zu, von der diese nichts wissen. In Wahrheit hat der Feminismus die ideologische Schlacht gewonnen. Er verfügt heute über eine beträchtliche moralische Macht und die Fähigkeit, Schuldgefühle zu erzeugen. Doch die Männer tun so, als wüssten sie nicht, dass sie eifersüchtig diejenige Macht hüten, die für alle anderen die Voraussetzung bildet, nämlich die ökonomische und finanzielle Macht.

An dieser Stelle sei daran erinnert, dass die Arbeitslosigkeit überproportional Frauen trifft, obwohl sie vielfach besser qualifiziert sind als die Männer;[4] dass bei vergleichbarer Ausbildung der Lohnabstand zuungunsten der Frauen sogar immer noch größer wird; dass die »gläserne Decke«[5] kein Mythos ist, da Frauen unter den leitenden Angestellten der fünftausend größten französischen Unternehmen nur zu 8 Prozent vertreten sind und in den Entscheidungsgremien der 120 umsatzstärksten französischen Unternehmen nur 5,26 Prozent Frauen sitzen;[6] und dass schließlich zahlreiche Männer mit ihrer finanziellen Überlegenheit argumentieren, um den Löwenanteil der häuslichen und familiären Aufgaben ihren Partnerinnen zuzuschieben. Der einzelne Mann fühlt sich für diesen Zustand nicht verantwortlich und behält nur die moralische Verdammung im Gedächtnis, die alle Männer trifft. Sobald also nicht mehr von männlicher Gewalt und männlicher Herrschaft die Rede ist, fühlt sich die Mehrzahl der Männer unbeteiligt. Wenn man ihnen eine neue Sexualmoral aufzuzwingen versucht, liegt das separatistische Denken, das niemand will, näher, als es den Anschein hat.

Man darf sich daher die Frage stellen, ob die Rhetorik von der »Frau als Opfer« nicht in die falsche Richtung gegangen ist. Hätten wir uns nicht besser Schritt für Schritt in all den privaten, öffentlichen und beruflichen Bereichen vorarbeiten sollen, in denen noch Ungleichheit herrscht?[7] Anders gesagt: Hätten wir nicht auf die Straße gehen sollen, um diese Ungerechtigkeiten anzuprangern, statt den Männern den Prozess zu machen?

WENN DIE DIFFERENZ ENTSCHEIDET

Der heutige Feminismus muss den Frauen auch darüber Rechenschaft ablegen, inwieweit sich ihre Lage verbessert hat. In striktem Gegensatz zum universalistischen Feminismus hat er den Begriff der Gleichheit beseitigt und – ob gewollt oder nicht – der massiven Wiederkehr des Biologischen den Weg geebnet. Die Hymne auf die Natur hat den sozialen und kulturellen Kampf erstickt. Das Bild der Frau hat wieder den alten Rahmen erhalten, was vielen zu gefallen scheint.

Wo aber bleibt zwischen der kindlichen Frau (dem wehrlosen Opfer) und der mütterlichen Frau (zur Förderung der paritätischen Vertretung) noch ein Platz für das Ideal der freien Frau, von dem so viele geträumt haben? Zumindest passt dieses Ideal nicht mehr in ein Gedankensystem, das an der Vorstellung von einer weiblichen Natur im Gegensatz zu einer männlichen »Kultur« jeden Tag weiterstrickt: hier *die* Frauen als Gefangene ihrer Natur, dort *die* Männer unter dem Druck, ihre Kultur zu verändern. Eine widersprüchliche Botschaft, wenn es denn eine ist: Sie verunsichert die einen und erbittert die anderen. Eine Botschaft, die bei den Männern angekommen ist und aus der sie stillschweigend ihren Vorteil ziehen. Die größten Fortschritte der letzten Jahrzehnte verdanken sich allesamt der kühnen Dekonstruktion des Naturbegriffs. Deren erklärtes Ziel ist es nicht – wie immer behauptet wurde –, die Natur zu verleugnen, sondern ihr jenen Platz zuzuweisen, der ihr gebührt. Das eröffnete für jeden eine nie da gewesene Freiheit von den traditionellen Geschlechterrollen. Dieser kulturalistischen und universalistischen Philosophie gelang es, die Situation der Frau zu verändern und die Schmach von der Homosexualität zu nehmen. Sie förderte die Erkenntnis, dass das biologische Geschlecht, die sozialen Geschlechterrollen und die Sexualität nicht Schicksal eines Menschen sind.

Doch auch dieser Diskurs ist nicht mehr zeitgemäß. Zweimal innerhalb von zehn Jahren hat man in Frankreich den Frauen, aber auch der übrigen Gesellschaft deutliche Signale gesandt – zugunsten des feministischen Differenzdenkens. Auch wenn diese beiden Zeichen scheinbar nichts miteinander zu tun haben, ließen sie den Eindruck entstehen, dass Frauen einerseits nicht dieselben Rechte und Pflichten haben wie die Männer und dass sie andererseits eine eigene Gesellschaft neben derjenigen der Männer bilden. Das erste Signal war die Zulassung des islamischen Kopftuchs in der Schule, das zweite die Aufnahme der Geschlechterdifferenz in die Verfassung, um eine positive Diskriminierung zu rechtfertigen. Im ersten Fall vergaßen die Feministinnen zu protestieren; im anderen waren sie es selbst, die dem biologischen Unterschied und damit der Unterscheidung spezialisierter Geschlechterrollen wieder zur Ehre verhalfen.

Vom kulturellen Relativismus zum sexuellen Partikularismus

Alles begann in den siebziger Jahren damit, dass die Allgemeinheit des Gesetzes in Frage gestellt wurde. Eine Allgemeinheit, die als trügerisch beurteilt wurde, weil sie, verborgen unter dem Schleier der Neutralität, in Wirklichkeit nur die Interessen der Mächtigen zum Ausdruck bringe. Zwischen der marxistischen Kritik an den ideologischen Überbauten und der Verurteilung des Ethnozentrismus durch die Lévi-Strauss'sche Anthropologie zerrieben, wurde der Universalismus auf den Müllhaufen der Geschichte geworfen. Das allgemein gültige Gesetz verlor seinen Inhalt, seine Legitimität und damit seine Autorität.

Als Erstes geriet die Allgemeine Erklärung der Menschenrechte in die Schusslinie. Man warf ihr vor, sie sei nur ein Ausdruck der westlichen Kultur und der jüdisch-christlichen Werte; manche sahen in ihr einen Imperialismus, der im Namen der Achtung vor anderen Kulturen bekämpft werden müsse. Der Kulturrelativismus erlebte seinen ersten großen Auftritt auf der politischen Bühne auf Kosten der Geschlechtergleichheit. Der erste Vorstoß betraf die Familienstrukturen von immigrierten Arbeitern afrikanischer Herkunft. Das Recht auf Polygamie und auf Beschneidung der Mädchen wurde mit aller Gelehrsamkeit erörtert. Getrieben von Selbsthass und Verblendung erhoben sich Stimmen, die diese fremden Gebräuche gewissenhaft respektieren wollten. Junge Afrikanerinnen mochten inständig darum bitten, das französische Gesetz auch auf sie anzuwenden, doch die Relativisten stellten sich taub. Jahrelang wurde nicht nur darauf verzichtet, die Neuankömmlinge über das Recht der französischen Republik zu unterrichten, sondern man verschloss die Augen vor Praktiken, die diesem Gesetz absolut zuwiderliefen. Die Vertreter des Staates und seiner Institutionen, eingeschüchtert von der Vorstellung, in den Ruch der Intoleranz zu geraten, gingen vor den Differenzen in die Knie, welchen Preis ihre Opfer dafür auch zu zahlen hatten. Feministinnen wie Benoîte Groult sowie die Gerichte brauchten viel Mut und feste Überzeugungen, um den Kampf gegen diese intolerable Toleranz weiterzuführen. Nach jahrelangen Proklamationen und Schuldzuweisungen gaben die Relativisten dieses verminte Gelände auf, um andere zu besetzen, ohne jedoch die geringste Reue zu zeigen.

Bei der Debatte über das islamische Kopftuch im Jahr 1989 erlebte der Universalismus seine erste große Niederlage, als die staatlichen Institutionen zum ersten Mal einen Statusunterschied zwischen Männern und Frauen einräumten.[8] Hinter dem vermeintlich harmlosen Kopftuch, das junge islamische Mädchen in der Schule trugen, verbarg sich eine doppelte Überschreitung, die eine hinter der anderen versteckt. Tatsächlich ging es nicht nur um eine Herausforderung des traditionellen französischen Laizismus – das heißt der in der französischen Verfassung fest verankerten strikten Trennung von Staat und Kirche –, sondern um die Behauptung besonderer Pflichten, die der Frau aufgrund ihrer Natur obliegen. Wahrscheinlich haben die jungen Provokateurinnen, von ihren Eltern ermutigt oder auch nicht, die Bedeutung ihrer Handlung nie recht begriffen. Aber es hat sich auch niemand die Mühe gemacht, ihnen zu erklären, dass sie die Idee der Gleichheit der Geschlechter in Gefahr brachten und damit mittelbar auch die Befreiung der Frauen innerhalb ihrer eigenen Gemeinschaft. Im Gegenteil, viele ignorierten eifrig die Symbolik der Unterwerfung und sahen im Tragen des Kopftuchs nur einen freiheitlichen Akt, der Nachgiebigkeit oder gar Respekt verlange.

Das von den fundamentalistischen Strömungen aufgezwungene Tragen des Kopftuchs bedeutet, dass eine Frau ihre Haare verbergen muss, um keine männliche Begierde zu wecken. Für die Männer, die nicht zu ihrer Familie gehören, ist es das Signal, dass sie unerreichbar und unberührbar ist. Ohne das Kopftuch wirkt sie nicht nur aufreizend, sondern muss für diese Provokation und ihre Folgen selbst die Verantwortung tragen. Die Frau ist also von vornherein schuldig, unreine Begierden zu wecken, während der Mann entschuldigt ist, wenn er sie zeigt. Ihr Körper hat nicht denselben Wert wie der des Mannes. Er ist eine Bedrohung, die man verbergen muss, um ihn zu desexualisieren und die Gefahr zu beseitigen, die von ihm ausgeht. Das Kopftuch der jungen französischen Schülerinnen und die Burka der Afghaninnen symbolisieren dasselbe: Verbirg diesen Körper, den ich nicht sehen kann, ohne ihn mir zu nehmen. Nur der Grad des Fundamentalismus ist zwischen beiden Gesellschaften natürlich nicht derselbe.

Indem die französische Republik und die französische Demokratie das Tragen des Kopftuchs in den staatlichen Schulen zuließen, mögen sie den Beweis ihrer religiösen Toleranz erbracht haben, doch haben sie damit klipp und klar den Anspruch auf Gleichheit der Geschlechter auf dem Territorium der Nation aufgegeben. Sie haben sogar eine deutliche Botschaft im entgegengesetzten Sinne ausgesandt, die nicht unbemerkt geblieben ist: Macht mit euren Mädchen, was ihr wollt, uns geht das nichts an. Seltsamerweise hielt die damalige Regierung, vom relativierenden Dogma durchdrungen, Resignation für die richtige Antwort. Noch erstaunlicher war das Schweigen des offiziellen Feminismus, der glaubte (oder jedenfalls so tat), hier werde viel Lärm um nichts gemacht. Die Parole hieß: Je mehr Empörung, desto größer werden die Provokationen, und desto mehr werden wir der extremen Rechten in die Hände spielen. Die Kopftuchgegner wurden gebeten zu schweigen, um nicht Le Pen Argumente in die Hand zu geben. Doch die Kopftuchmode verschwand nicht von selbst, wie man uns vorausgesagt hatte, sondern breitete sich immer weiter aus – als Zeichen der Verspottung oder Herausforderung der republikanischen Werte. Die Folgen, die sich aus dieser Verleugnung ergaben, sind nie gezogen worden. Das Kopftuch war nur die sichtbare Spitze des Eisbergs. Das Kopftuch legitimierte in den Wohnvierteln mit islamischer Mehrheit eine bestimmte Vorstellung von jungen Mädchen, die von Frauen ähnlicher Herkunft angeprangert wird. »Wir sind weder Huren noch Unterworfene«, sagen sie,[9] weil sie seit zehn Jahren zunehmend gegen diese beiden Bilder ankämpfen müssen. Wenn sie wie die übrigen Französinnen leben und die Rechte, die ihnen zustehen, in Anspruch nehmen möchten, dann droht ihnen die Verachtung und Gewalt der Männer. Unterwerfen sie sich aber dem Gesetz der Männer, werden sie in die Familie eingesperrt. Die Vorsitzende der antirassistischen Vereinigung Fédération Nationale des Maisons des potes (Nationale Vereinigung der Kumpels), die diese Parole in Umlauf gebracht hat, Fadela Amara, stellt bedauernd fest: »Die Minderung des Status der Frau in den Wohnvierteln (in die die feministische Botschaft niemals gedrungen ist, E. B.) äußert sich in wieder zunehmender Gewalttätigkeit gegenüber den Mädchen, in arrangierten Heiraten und sexueller Belästigung durch die jungen Männer. Weder in der Familie noch im Wohnviertel darf von Sexualität gesprochen werden. Man darf nicht rauchen. Man darf keinen kurzen Rock anziehen. Man darf sich nicht mit Jungen treffen, sonst gilt man als die Nutte oder die Schlampe des ganzen Viertels. Man darf nicht an Gesprächen teilnehmen, sonst heißt es gleich: ›Geh nach Hause‹ oder ›Halt's Maul‹. Man nimmt die Mädchen von der Schule: Der Mythos von der jungen nordafrikanischen Immigrantin an der höheren Schule hat sich in Luft aufgelöst.«[10]

Die Verschlechterung der Beziehungen zwischen Männern und Frauen in bestimmen Wohnvierteln ist bestürzend.»Seit Jahren«, sagt die achtundzwanzigjährige Safia,»müssen meine Schwestern, meine Cousinen, meine Freundinnen diese Gewalt ertragen. Es gibt wirklich einen Rückschritt. Früher spürte man Solidarität. Wir jungen Frauen verstecken uns, schleichen an den Mauern entlang.«[11] Und Fadela Amara, die sich als gläubige Muslimin bezeichnet, hat festgestellt:»In den maghrebinischen Familien wird die Unterdrückung mit härteren Mitteln ausgeübt. *Die fundamentalistischen Strömungen haben direkten Einfluss auf die Jungen:* Das äußert sich in unmittelbarer Gewalt an den Schwestern und den Mädchen aus der Nachbarschaft.«[12] Kahina Benziane, angehende Wirtschaftswissenschaftlerin, deren Schwester Sohane Benziane mit siebzehn Jahren in Vitry-sur-Seine von brutalen Jugendlichen bei lebendigem Leibe verbrannt wurde, bestätigt diese Einschätzung:»Sobald gesagt wird, die Frau ist dem Mann unterlegen, sind für Exzesse Tür und Tor geöffnet. Und dann: Ich finde die Kopftuchdebatte lächerlich. Man muss den Islam auf dieselbe Stufe stellen wie die anderen Religionen … Der Schleier gehört in den Schulen verboten.«[13]

Die französische Republik trat nicht nur aus den Wohnvierteln, die als»soziale Brennpunkte« gelten, den Rückzug an. Indem sie dem kommunitaristischen Druck nachgab und das Differenzdenken übernahm, ließ sie einem unerträglichen Prozess der Unterdrückung von Frauen freien Lauf. Es ist höchste Zeit, diese Entwicklung umzukehren und auf eine Ideologie zu verzichten, die für ein solches Desaster verantwortlich ist. Es ist ebenso darauf hinzuweisen, dass keine

Religion und keine Kultur das letzte Wort gegen die Gleichheit der Geschlechter haben darf. Und diese Gleichheit wird vom allgemeinen Gesetz, das zwingend für alle gilt, besser gesichert als von einem Relativismus, der den Weg zu lauter Ausnahmen bahnt.

Davon waren die Feministinnen bis zu dem Augenblick überzeugt, in dem einige von ihnen den sexuellen Partikularismus als einen entscheidenden Schritt zur Emanzipation der Frau verkündeten. Die Annahmen von Besonderheiten waren die zweite Niederlage des Universalismus, die vielleicht nicht minder den überstürzten Rückzug der Frauen signalisiert.

Um die Aufnahme des Geschlechterdualismus in die Verfassung (1999) zu rechtfertigen, ließen sich einige zu philosophischen Verdrehungen hinreißen, die kein anderes Ziel hatten, als den biologischen Unterschied und die spezifischen biologischen Eigenheiten wieder zu Ehren zu bringen. Das Universelle, so die Argumentation, sei männlich und die Menschheit eine Abstraktion. Man erfand ein »gemischtes Universelles« und eine »duale Menschheit«, ohne sich um den Widerspruch innerhalb dieser Begriffe zu sorgen. Der Begriff einer Menschheit, der alle menschlichen Wesen jenseits ihrer Geschlechts- und Rassenunterschiede umfasst, verschwand von der Bühne, und damit verlor der Begriff des Universellen schlicht seinen Inhalt. Aber das ist nicht das Schlimmste. Eine schiefe Begriffsanalyse bringt Begriffe nicht zum Verschwinden. Die Philosophie jedoch, die hinter dieser Analyse steht, impliziert eine Sicht auf die Frauen und auf das Geschlechterverhältnis, die nicht ohne Folgen bleibt.

Die Biologie und die Rollenunterscheidung

Macht man den biologischen Unterschied zum letzten Kriterium für die Klassifikation der menschlichen Wesen, so verurteilt man sich dazu, einen unaufhebbaren Gegensatz zwischen Männern und Frauen anzunehmen. Zwei Geschlechter, also zwei Arten, die Welt zu betrachten, zwei Denkweisen, zwei Psychologien, zwei gesonderte Universen, die aneinander grenzen, ohne sich jemals vermischen zu können. Das Weibliche ist eine Welt für sich, das Männliche ebenfalls, die Grenzen sind nur schwer zu überschreiten, und die sozialen und kulturellen Unterschiede scheinen vergessen zu sein.

Leitet man Weiblichkeit von der Fähigkeit zur Mutterschaft her, so definiert man die Frau durch ein *Sein* und nicht durch eine *Wahl*. Umgekehrt gibt es keine symmetrische Definition des Mannes, der immer von dem her verstanden wird, was er *tut*, und nicht von dem, was er *ist*. Der Rückgriff auf die Biologie gilt nur für sie. Nie wird der Mann nach seiner biologischen Fähigkeit zur Vaterschaft oder seiner Muskelstärke definiert. Mutterschaft ist unmittelbar an ihren Körper gebunden, während er davon befreit ist. Mutterschaft ist ein Schicksal, Vaterschaft hingegen eine Entscheidung. Diese sexuelle Kosmogonie wirft mehr Fragen auf, als sie beantwortet. Wenn Mutterschaft das Wesen der Weiblichkeit ist, wird der Eindruck erweckt, Frauen, die sie ablehnen, seien anormal oder krank. Sie werden als »vermännlicht« abgestempelt und damit ihrer Identität beraubt oder ihres Geschlechts für unwürdig erklärt. Sie werden aus der Gemeinschaft der Frauen hinausgeworfen. Das Mitleid, dem eine Frau ohne Kinder begegnet, verurteilt insgeheim die Egoistin, die sich weigert, ihre Situation als Frau anzunehmen. Damit wird deutlich gezeigt, dass Mutterschaft nicht eine Wahl, sondern eine Notwendigkeit ist, die man allenfalls aufschieben, aber nicht vermeiden kann.

Selbst wenn die Konvention jede explizite Verurteilung der Frauen, die nicht Mütter sind, verbietet, unterstreicht man bei jeder Gelegenheit, dass sie sich von sich selbst entfremdet haben, um ein Plätzchen in der männlichen Welt zu erringen: Damit verraten sie nicht nur die Sache der Frauen, sondern wenden sich von den weiblich-mütterlichen Tugenden ab. Die drei Prozent der Französinnen, die nicht Mutter werden wollen und von ihrer Freiheit Gebrauch machen, sind also, wenn man Weiblichkeit mit Mutterschaft definiert, nicht klassifizierbar. Sie sind weder Männer noch »richtige« Frauen, sondern eigenartige Wesen, denen man mit Vorbehalten begegnet: Opfer ihres frei gewählten Schicksals.

Aus dem Verständnis der Frau als Mutter entspringt eine keineswegs selbstverständliche Theorie, nach der die Psychologie der Frau in ihrer Natur verankert sei. Mutterschaft wäre danach das einigende Band, das die gemeinsamen Merkmale und die gemeinsamen Sorgen des weiblichen Geschlechts zusammenfasst.

Wir haben bereits bei der Diskussion um das Paritätsgesetz gesehen, wie die Frauen für sich in Anspruch nahmen, altruistischer, sachorientierter und friedfertiger zu sein als die Männer,[14] so als ob diese Tugenden angeboren und nicht das Ergebnis von Lernprozessen und sozialer Konditionierung wären. Man hat den Eindruck erweckt, ihre gemeinsamen Interessen seien viel stärker als ihre Divergenzen, sodass die Frauen eine gesonderte politische Einheit bildeten. Zwei Sichtweisen auf die Welt: eine weibliche und eine männliche. Man hat dabei ein bisschen zu rasch den Klassenkampf und die Unterschiedlichkeit der männlichen Interessen aus dem Blick verloren. Ebenso muss man taub sein, um nicht die Vielfalt der weiblichen Stimmen zu vernehmen, insbesondere zu Themen, die in erster Linie *sie* betreffen: Abtreibung, Mutterschaftsgeld, Teilzeitarbeit oder paritätische Vertretung in der Politik.

In Wahrheit ist der sexuelle Relativismus als politisches Prinzip ein Trugbild. Männer und Frauen bilden nicht zwei getrennte Blöcke. Zum einen stimmt man nicht nach seinem Geschlecht, sondern nach seinen Interessen und seiner Ideologie ab. Zum anderen bestehen viel weniger Unterschiede zwischen einem Mann und einer Frau desselben sozialen und kulturellen Status als zwischen zwei Männern oder zwei Frauen unterschiedlicher Milieus. Entgegen einer verbreiteten Meinung ist die sexuelle Differenz im Vergleich zum sozialen Unterschied ziemlich unerheblich, und die allein erziehende arbeitslose Mutter zweier Kinder hat nicht die gleichen Prioritäten wie eine Hochschulabsolventin oder Unternehmensleiterin.

Noch schwerer wiegen nach meiner Auffassung die unmittelbaren und praktischen Implikationen des sexuellen Differenzdenkens. Macht man das Biologische zum spezifischen Unterscheidungsmerkmal der Frauen, so rechtfertigt man von vornherein die Rollenaufteilung, die wir seit mehr als dreißig Jahren unter so viel Mühen bekämpft haben. Hinter dem Schleier des Kampfes gegen die schreckliche Neutralität und die abscheuliche Unterschiedslosigkeit erstarken wieder in ungeahntem Maße die alten Klischees von »der Frau« und »dem Mann«. Es ist zu befürchten, dass die Männer dabei alles zu gewinnen und die Frauen viel zu verlieren haben.

DIE FALLE

Die Aufeinanderfolge zweier gegensätzlicher feministischer Diskurse hat viel Verwirrung gestiftet. Die Frauen und Männer zwischen dreißig und vierzig genießen heute die Früchte des ersten, ohne es überhaupt zu wissen. Sie schwelgen in dem zweiten, ohne es überhaupt zu wollen. Entschlossen halten die Frauen an ihrer sexuellen Freiheit, am Gleichheitsideal und an der Rollengleichheit fest, ohne sich im Klaren darüber zu sein, dass diese drei Forderungen einen radikalen Bruch mit den Überzeugungen von früher verlangen. Die Wiederkehr des Biologischen seit mehr als einem Jahrzehnt, die auf kein feministisches Gegenfeuer stieß, erschwert oder versperrt sogar den Weg zur Gleichheit. Man kann nicht den Mutter*instinkt* beschwören (statt von *Liebe* zu sprechen) und gleichzeitig erwarten, dass sich die Männer mehr an der Erziehung der Kinder und an der Arbeit im Haushalt beteiligen. Es hat nicht viel Sinn, daraus eine moralische oder psychische Pflicht zu machen, wenn man ihnen andererseits Fluchtwege bietet.

Es ist übrigens verblüffend, auf wie wenig Widerspruch die Formel »Frau und Familie« seit einiger Zeit in den Medien noch stößt. Die Mutterschaftsideologie ist wieder da, und Mutterschaft ist erneut zum unangreifbaren Angelpunkt der weiblichen Existenz geworden. Insofern ergehen heute an die jungen Frauen widersprüchliche Verhaltensanweisungen; sie werden gleichsam zerrissen zwischen zwei Feminismen, die einander neutralisieren. Einerseits erinnert sie der *Feminismus der Gleichheit* unermüdlich daran, dass sie vielleicht sogar besser ausgebildet sind als die jungen Männer, aber nach wie vor schlechter bezahlt werden, und dass die Doppelbelastung durch Berufs- und Hausarbeit immer noch ihr Los ist. Zwei Anomalien, an denen sich seit zehn Jahren nichts geändert hat.[15] Andererseits beschwört sie der *Feminismus der Parität*, ihre von der trügerischen männlichen Neutralität bedrohte Weiblichkeit zu retten und sich darauf zu besinnen, dass sie vor allem Mütter sind.

Die Resultate sind nicht gerade glänzend.

Mutterinstinkt und Stillen

Die große Wiederkehr des Mutterinstinkts ist die logische Folge der herrschenden naturalistischen, an weiblicher Identität orientierten Ideologie. Bestimmte radikale Ökologen, Soziobiologen, ferner zahlreiche Kinderärzte und Psychologen, die eine Rückkehr zu den sicheren Werten predigen, versuchen – unisono mit den Feministinnen des Differenzdenkens – die Frauen davon zu überzeugen, dass sie vom Feminismus ihrer Mütter getäuscht worden seien. Die Natur macht alles gut, so erfahren wir von ihnen, und wenn etwas schief läuft, liegt es immer an der Gesellschaft. Den Mutterinstinkt gibt es wirklich, und jede Frau kann ihm tagtäglich begegnen. Wer, ob Mann oder Frau, diesen Begriff in Frage stellt, hat weder von den Frauen noch von der Mutterschaft etwas verstanden. Solche Leute betonen die Fälle misslingender oder problematischer Mütterlichkeit, um bei zahlreichen Müttern Schuldgefühle zu wecken, um ihnen ihre festen Orientierungen zu rauben und bei allen, die ihre Mutterschaft voll ausleben möchten, Unbehagen zu erzeugen. Mehr noch, der Mutterinstinkt ist das ureigenste Wesen der Frauen; wer seine Existenz bestreitet, spricht das Verdammungsurteil über sie. Weist jemand nach, dass in manchen Epochen unserer Geschichte Generationen von Frauen wenig Aufhebens um ihrer Nachwuchs gemacht haben[16], so gilt das als Frevel oder gar als Anschlag auf die Identität und die Würde der Frau.

In Frankreich haben sich vor allem Antoinette Fouque und Sylviane Agacinski auf dieses Thema geworfen. Fouque macht Schwangerschaft und Mutterbeziehung zu den Grundlagen ihrer Ethik. Agacinski erhebt die mütterliche Sorge zum Urbild des weiblichen Charakters. »Für die Mutter«, sagt sie, »ist das Kind, auch schon das Ungeborene nicht bloß eine Wucherung ihres Fleisches; es ist dasjenige, dem ihre unbedingte Sorge gilt, für das sie eine unendliche Verantwortung empfindet. Deshalb stellt das traditionell als ›mütterlich‹ beschriebene Verhalten keineswegs eine Einschließung in eine wie immer geartete Immanenz dar, sondern vielmehr das universale Modell einer Öffnung zum anderen im Allgemeinen.«[17] »Aus dieser Perspektive«, bemerkt die französische Psychologin Pascale Molinier, »wird Mütterlichkeit als ein spontanes psychisches Vermögen verstanden, besser: als eine natürliche Eigenschaft, deren Entstehung im Dunkel gelassen wird.

Zwar behauptet Sylviane Agacinski niemals ausdrücklich, Mütterlichkeit sei strikt vom biologischen Ereignis der Schwangerschaft vorgegeben; andererseits hat Mütterlichkeit offenbar keinen anderen Ursprung als ihre eigene ›Unmittelbarkeit‹. Was uns hier vorgeführt wird, ist kaum etwas anderes als eine ›philosophische‹ Einkleidung des Mutterinstinkts.«[18]

Die amerikanische Soziobiologin und Primatenforscherin Sarah Blaffer Hrdy spricht – weniger dogmatisch als viele ihrer Kollegen – nur vorsichtig und unter zahlreichen Einschränkungen von Mutterinstinkten bei den einzelnen Säugetieren. Übrigens rückt sie auch die jüngste Entdeckung eines angeblichen »Gens für Mutterinstinkt«, das aus einem Experiment an Mäusen extrapoliert wurde,[19] an ihren richtigen Platz. Sie räumt ein, dass Säugetiermütter nicht unbedingt gleich nach der Geburt eine systematische und vollständige Bindung an das Neugeborene zeigen, dass sich ihr »Mutterinstinkt« vielmehr in kleinen Etappen fortschreitend entwickelt, bei denen auch der Säugling selbst eine Rolle spielt. Die extreme Bedeutung, die dabei den Hormonen zukommt – dem Prolactin, das die Milchproduktion steuert, und dem Oxytocin, das die Milchejektion anregt und angeblich »einen Zustand der Euphorie« auslöst –, berechtige dennoch dazu, von einem Instinkt zu sprechen, der gleichsam als Ariadnefaden die Säugetiere von der Maus bis zur menschlichen Frau miteinander verbindet. Dass 50 Prozent der Frauen es ablehnen zu stillen oder dass zahlreiche andere diesen euphorischen Zustand nicht verspüren, hindert Blaffer Hrdy nicht daran, auf die biologische Grundlage der Muttergefühle zu schließen. Trotzdem scheut sie sich nicht, daran auch wieder Zweifel zu säen mit der Behauptung, nicht nur Mütter seien zu solchen Gefühlen fähig. Auch Väter und andere Personen ohne Mutterschaftshormone können sie empfinden. Warum sollten wir also nicht einfach von »Liebe« sprechen, wenn wir uns einig darüber sind, dass der »Mutterinstinkt« eine kontingente Erscheinung ist, die sich erst entwickelt?

Zwar unterscheidet die Primatenforscherin durchaus zwischen Menschen- und Affenmutter und erinnert daran, dass Kindestötung bei Affenmüttern so gut wie unbekannt ist, während Menschenmütter auf die Hilfe der Gesellschaft angewiesen sind, um ein Kind aufziehen zu können – und doch springt sie ständig zwischen beiden hin und her, um am Ende zu resümieren, dass »Mutter Natur es so eingerichtet hat, dass eine Frau ihrem Kind die höchste Priorität gibt«.[20] Wäre es nicht richtiger zu sagen, dass die Natur »Möglichkeiten eröffnet« und die Frau je nach ihrer Geschichte, ihren Wünschen und persönlichen Interessen daraus »auswählt«? Darin eben unterscheidet sie sich vom Affenweibchen.

Im Unterschied zu Blaffer Hrdy hält sich Edwige Antier, eine französische Kinderärztin, die jungen Muttis im Radio Ratschläge erteilt, mit wissenschaftlichen Zweifeln und Einschränkungen nicht weiter auf. Den Mutterinstinkt gibt es, sagt sie, ich begegne ihm jeden Tag in meiner Praxis; er steht auf der gleichen Stufe wie der Ernährungstrieb zum Überleben. Er »veranlasst die Mutter, ohne weiter nachzudenken für den Säugling zu handeln. Das ist eine Anlage, die alle Frauen in sich tragen und die sogar zum Wesen der Frau gehört«.[21] Zur Bestätigung ihrer Behauptungen beruft sie sich nicht nur auf die erwähnten Hormone, sondern auch auf das schon erwähnte Mäuse-Gen. Man braucht nicht viel Phantasie, um zu dem Ergebnis zu kommen, dass Frauen auch nur Mäuse sind. Die unglücklichen Frauen, die diesen Instinkt nicht in sich verspüren, stellen den biologischen Charakter der Mutterliebe natürlich ebenso wenig in Frage wie Magersüchtige den Ernährungstrieb. Solche autoritativen Behauptungen haben immerhin den Vorzug der Einfachheit, auch wenn sie der Komplexität des Muttergefühls nicht gerecht werden. Dafür kann man Zweifel an dem Ziel hegen, das Frau Doktor Antier angeblich verfolgt. Sie möchte die Mütter von der Last der vielfachen »Schuldzuweisungen« befreien, denen sie ausgesetzt sind. Es ist nicht sicher, ob die Kinderärztin dieses Ziel erreicht, indem sie die Mütter mit einem Instinkt ausstaffiert, den viele von ihnen nicht in sich entdecken. In Wirklichkeit übt sie selbst erheblichen moralischen und psychologischen Druck auf die Frauen aus, der schwer wiegende ökonomische und soziale Konsequenzen nach sich zieht.

Ganz allmählich hat der Ausdruck »Mutterinstinkt« seine Selbstverständlichkeit und seinen Platz in der gängigen Sprache der Medien wiedergefunden. In Frage steht allenfalls noch die Existenz eines »Vaterinstinkts«! Man darf deshalb annehmen, dass es unter dem Deckmantel edler Empfindungen darum geht, den feministischen Protest wieder einzudämmen und den Müttern, die heute zwischen dreißig und vierzig sind, die Vereinbarkeit von Mutterschaft und selbstbestimmter Lebensführung zu erschweren. Im Gegensatz zu den Frauen der siebziger Jahre haben sie nicht das Recht auf Zweifel. Der herrschende Diskurs erinnert sie unablässig an ihre Pflichten, das heißt an ihre Natur.

Auf der gleichen Linie lag das Wiederaufkommen der Pflicht zum Stillen. Statt dass es jeder Frau überlassen bleibt, darüber gemäß ihren Wünschen und persönlichen Interessen selbst zu entscheiden, erleben wir seit ein paar Jahren eine Kampagne ohnegleichen für die Muttermilch. Früher verteufelten nur Ökologen die industrielle Säuglingsnahrung; heute gibt die Weltgesundheitsorganisation (WHO) ihre Empfehlungen, die in europäisches Recht umgesetzt werden, und die *Leche League* nimmt die Frauen bei der Hand.[22] So schreibt die französische Journalistin Estelle Saget in *L'Express*: »Zahlreiche wissenschaftliche Arbeiten wurden in Angriff genommen, um eine neue Hypothese zu beweisen: Das Kind, das Muttermilch bekommen hat, gewinnt daraus noch im Erwachsenenalter Vorteile. Es soll dadurch besser vor so unterschiedlichen Übeln wie Fettleibigkeit, Diabetes, Bluthochdruck, Arteriosklerose, Herzinfarkt, Asthma, Allergien, Karies, schlechter Zahnstellung und multipler Sklerose geschützt sein. Das kleine Menschenkind bekomme zudem ganz einfach mit dem Saugen einen höheren Intelligenzquotienten.«[23]

Was heißt es schon, wenn andere, nicht minder wissenschaftliche Studien solche Thesen mit dicken Fragezeichen versehen? Die WHO hat befohlen – »Alle an die Brust!« –, und zwar nicht nur für ein paar Wochen, wie es heute die meisten unter jenen 50 Prozent der Französinnen tun, die ihr Kind stillen.[24] Die Experten der Genfer Behörde meinen, »dass Säuglinge das Fläschchen nicht vor dem Alter von sechs Monaten bekommen sollten, was auch für die Mütter von Vorteil wäre, weil bei Frauen, die über längere Zeit die Brust geben, das Risiko von Brustkarzinomen geringer ist«.[25]

Im Mai 1999 wurde die Parole der WHO in eine europäische Direktive umgesetzt. Unter dem Vorwand, den kommerziellen Druck der Hersteller von Säuglingsnahrung zu mindern, wird in den Entbindungsstationen künstliche Babymilch nicht mehr kostenlos ausgegeben, und das Personal wird gebeten, die jungen Mütter aufzuklären über:»a) die Vorzüge und die Überlegenheit des Stillens; b) die Ernährungsweise der Mutter, die Möglichkeiten, sich auf das Stillen vorzubereiten und den Milchfluss zu erhalten; c) den möglichen nachteiligen Effekt der Beifütterung mit dem Fläschchen auf den Milchfluss; d) die Schwierigkeit der Umstellung von Brustfütterung auf Fütterung mit Nahrungspräparaten; e) gegebenenfalls ist die richtige Verwendung von Nahrungspräparaten mit Informationsmaterial zu dokumentieren, [das] die Verwendung von Babynahrung nicht als ideale Lösung darstellen darf.«[26]

Es bedürfte schon übermenschlicher Charakterstärke, um solchem Druck zu widerstehen. Eine Frau, die gerade ein Kind geboren hat, ist immer in einem geschwächten Zustand. Da sie von der Aufgabe, die auf sie zukommt, oft überwältigt ist und der Instinkt, den man ihr andichtet, sich nicht regt, ist sie begierig nach Ratschlägen und abhängig von den Anweisungen der »Experten«. Mit dem Ergebnis, dass manche Frauen gegen ihren Wunsch stillen und andere das Kind entwöhnen, kaum dass sie wieder zu Hause sind. Doch wer weiß, welches Schuldgefühl sie quälen wird, weil sie so überzeugend auftretenden Autoritäten ungehorsam waren? Gottlob respektieren die Schwestern und Ärztinnen französischer Entbindungsstationen, die oft am feministischen Kampf teilgenommen haben, die Freiheit der Frauen mehr als in anderen Ländern. Weshalb die junge Mutter in Frankreich weniger als ihre europäischen Nachbarinnen in jener Zwangsjacke von Verpflichtungen gefangen ist, die die Mutterschaft bedeuten.

Bislang hat von feministischer Seite niemand Einspruch gegen eine derart regressive Entwicklung erhoben. Kein Entrüstungssturm brach in den Medien los, um diese neuerliche Weckung von Schuldgefühlen auszugleichen, die zwanzig

Jahre früher als unerträglich angesehen worden wäre. Schweigen bedeutet Zustimmung, mussten sich viele junge Mütter sagen, die – isoliert und schlecht informiert – sich selbst überlassen sind.

Mutterinstinkt und Teilzeitarbeit

Das Zusammentreffen der ökonomischen Krise und der stillschweigenden oder expliziten Wiederkehr des Mutterinstinkts räumte den Bestrebungen nach Gleichheit der Geschlechter massive Hindernisse in den Weg. Alles hatte sich dazu verschworen, dass die Mütter zu Hause bleiben müssten. Der unter der Bezeichnung »Erziehungsgeld« verborgene Mutterschaftslohn – in Höhe des halben gesetzlichen Mindestlohns – wurde ab 1985 nur vom dritten Kind an gezahlt, neun Jahre später vom zweiten Kind an.[27] Die Ersten, die diese Lösung wählten, waren natürlich die ärmsten, am schlechtesten ausgebildeten Frauen mit den ungünstigsten Arbeitsbedingungen, die sich keine häusliche Kinderbetreuung leisten konnten, aber auch diejenigen, die sich für die besseren Mütter hielten, wenn sie zu Hause blieben. Viele beendeten ihre Berufstätigkeit, um in den Genuss dieser Zuwendung zu kommen, freilich mit sehr zweischneidigen Folgen. Während es für manche eine gute Entscheidung war, bereuten es andere. Nach dem Ende der Bezugsfrist landeten viele in der Arbeitslosigkeit, wurden von ihrem Partner abhängig oder manchmal allein gelassen und konnten nicht auf den Arbeitsmarkt zurückkehren. Sie waren es, die den Preis für die Teilzeitarbeit[28] mit ihrer miserablen Bezahlung und den oftmals unmöglichen Arbeitszeiten zu entrichten hatten. Sie waren es, die von dem wirtschaftlichen Aufschwung ab 1997 am wenigsten profitierten. Sie bildeten das Bataillon der am schlechtesten Bezahlten und wiesen die höchste Arbeitslosenquote auf. Hätte man ihnen Hortplätze angeboten, hätten sie vielleicht weiterarbeiten und ihrer prekären Lage entgehen können.

Doch die Teilzeitarbeit wird nicht nur von der Bevölkerungsgruppe der sozial schwächsten Frauen wahrgenommen. Seit Beginn der neunziger Jahre ist sie Thema eines ideologischen Diskurses, der sich an alle Bevölkerungsschichten richtet. »Teilzeit« wird den Frauen – und nicht den Männern – als das Wundermittel präsentiert, das Familie und Beruf miteinander vereinbar machen soll. In Wahrheit stärkt es wieder die assoziative Verbindung von »Frau und Familie« und befreit die Männer von den Aufgaben, die sie doch mit den Frauen teilen sollten.

Die fanatischsten Befürworter der Teilzeitarbeit sind die Vertreter des Mutterinstinkts. Sie werfen den Feministinnen sogar vor, sie hätten den Müttern geschadet, indem sie ihnen eine freie Verfügung über ihre Zeit erschwerten unter dem Vorwand (der jedoch durchaus der Wahrheit entspricht), »Teilzeitarbeit benachteilige die Frauen hinsichtlich ihrer Einkünfte, ihrer Rente und ihrer Karriere«.[29] Man könnte ergänzen: auch hinsichtlich der Unabhängigkeit von ihrem Partner. Aber das kümmert die Propagandisten der Teilzeitarbeit wenig, geht es ihnen doch vor allem um die Versöhnung von Mutterinstinkt und beruflichen Anforderungen. »Was sollte man vorziehen«, fragt Edwige Antier, »entweder die Rolle als Mutter so weit wie möglich delegieren oder sich lieber von einem Teil der Berufsarbeit entlasten?«[30] Die Antwort versteht sich für die Ratgeberin von selbst: »Immer mehr Frauen fragen nach Erziehungsurlaub oder Teilzeitarbeit … Alle die Frauen, denen ich begegne, sind bereit, ihr Streben nach beruflichem Fortkommen eine Zeit lang ruhen zu lassen, um ihren Kindern eine gute Entwicklung zu sichern. Nachdem sie sie gewiegt und mit Milch und mit Worten genährt haben, begleiten und unterstützen sie sie in der Schulzeit. Und ich ermutige sie dazu. Denn in unserem langen Leben hat alles seine Zeit; man kann seine Karriere auch wieder aufnehmen und fortsetzen, wenn die Kinder groß sind.«[31]

Abgesehen davon, dass es einer Frau über vierzig schwer fallen dürfte, noch eine Arbeit zu finden oder gar ihre Karriere fortzusetzen, ist ein solcher Ansatz natürlich ein gefundenes Fressen für die Männer, die gegen die Gleichverteilung von Erziehungsaufgaben und Hausarbeit murren. »Und der Vater bei alledem? … Er ist von ganz wesentlicher Bedeutung«, meint Antier. »Aber besteht seine Rolle darin, Windeln zu wechseln, das Fläschchen zu geben, zu wiegen, ein Klon der Mutter zu sein, ein neuer Vater«, also genau das, worum wir uns so sehr bemüht haben? Oder ist er nicht eher »ein Gefährte, der die Mutter unterstützt, sie beschützt und rühmt«?[32] Man glaubt sich um vierzig Jahre zurückversetzt!

Da verwundert es denn nicht, dass die berufliche Arbeitszeit von Frauen, die mit Kindern belastet sind, niedriger ist als die der Männer (um eine Stunde bei einem Kind, bis zu fast viereinhalb Stunden bei vier oder mehr Kindern), dass sie aber eine viel höhere Zeit für Hausarbeit auf als die Väter aufwenden müssen. Wie soll man gegen den doppelten Arbeitstag derer kämpfen, die eine Vollzeitstelle haben? Wie soll man der Ungleichheit der Löhne sowie der Ungleichverteilung der Funktionen ein Ende setzen, wenn man der Frau einen Instinkt zuschreibt, der sie dazu prädisponiert, zu Hause zu bleiben? Wenn die Gesellschaft diesen Diskurs gutheißt, rechtfertigt sie auch die geschlechtliche Arbeitsteilung und damit den Abstand zwischen der Lage des Mannes und der der Frau. Gewiss, diese Ungleichheit wollen auch die Feministinnen nicht, die dem Differenzdenken anhängen, doch sie stellen dem nichts entgegen. Man kann nicht Männer und

Frauen als zwei Einheiten mit differenten Interessen unterscheiden und zugleich für die Nichtunterscheidung ihrer Rollen kämpfen, die doch den einzigen Weg zur Gleichheit der Geschlechter anbietet. Zusätzliche Kinderkrippen und bessere Möglichkeiten zur häuslichen Kinderbetreuung leisten dafür mehr als sämtliche Diskurse über Parität. Das gilt auch für den Vaterschaftsurlaub,[33] der symbolisch andeutet, dass die Versöhnung von Privat- und Familienleben etwas ist, das nicht nur die Mutter angeht.

Epilog

Gleichheit lebt von Gleichem, nicht von Verschiedenem. Wer diese elementare Logik verkennt und dem Sinn der Wörter Gewalt antun möchte, erreicht das Gegenteil des Gewünschten. Der Gedanke der Parität, welche die Gleichheit in der Differenz fordert, ist eine Zeitbombe. Sehr bald führt sie dazu, den Unterschied zu überschätzen und die Gleichheit zu relativieren. Die Verschiedenheit der Geschlechter ist eine Tatsache, aber sie legt die Individuen nicht auf bestimmte Rollen oder Aufgaben fest. Es gibt nicht eine männliche und eine weibliche Psyche, die strikt voneinander getrennt wären, es existieren auch keine starren sexuellen Identitäten, die wie in Marmor gemeißelt wären. Sobald er einmal das Gefühl seiner Identität erworben hat, geht jeder Erwachsene nach eigenem Gutdünken damit um. Wenn wir der Allmacht der sexuellen Klischees ein Ende bereiten, erschließt sich uns das Spiel mit dem Möglichen. Das bedeutet noch lange nicht die Einführung eines trostlosen Unisex. Und auch nicht, dass die Identitäten unterschiedslos wären. Diese Nichtunterscheidung »des« Mannes und »der« Frau ist vielmehr die Voraussetzung für deren Vielfalt und für unsere Freiheit.

Gewiss, diese Klischees von einst haben uns nicht nur eingesperrt, sondern auch Sicherheit geboten. Die Auflösung damit verbundener Rollenmuster verstört nicht wenige. Viele Männer sehen darin den Grund für den Niedergang ihrer Macht und zahlen es den Frauen heim. Einige sind versucht, darauf mit der Einführung einer neuen moralischen Orientierung zu antworten, mit der die Wiederaufrichtung der Grenzen einhergeht. Das ist die Falle, in die wir nicht treten dürfen, wenn wir nicht unsere Freiheit verlieren, den Kampf um Gleichheit aufgeben und die Trennung erneuern wollen.

Dieser Versuchung scheint der herrschende Diskurs nachzugeben. Entgegen all seinen Hoffnungen ist es unwahrscheinlich, dass es die Situation der Frauen verbessern wird. Es ist sogar zu befürchten, dass sich ihre Beziehungen zu den Männern verschlechtern werden. Genau das nennt man »feministische Irrtümer«.

Anmerkungen

1 Seit dem Kongress über feministische Theorie, der 1989 in Frankfurt am Main unter dem Titel »Differenz und Gleichheit. Menschenrechte haben (k)ein Geschlecht« stattfand, unterscheidet man zwischen zwei sehr konträren feministischen Grundauffassungen: Auf der einen Seite stehen jene Theoretikerinnen, die – wie Elisabeth Badinter – von der prinzipiellen Gleichheit beider Geschlechter ausgehen und sich auf das jeglichen Geschlechtsunterschied überragende universelle Prinzip der Menschenrechte berufen. Aus dieser Perspektive bedeutet Feminismus: dafür kämpfen, dass Frauen in der Gesellschaft die gleichen Rechte wie Männer haben und nicht länger ökonomisch, sozial und rechtlich benachteiligt werden.

Auf der anderen Seite befinden sich die Theoretikerinnen des so genannten Differenzdenkens. Sie gehen davon aus, dass es einen grundlegenden Unterschied der Geschlechter gibt und man entsprechend für besondere Rechte der Frau eintreten müsse (etwa für dasjenige, ein Kind nach eigenem Gutdünken auszutragen oder nicht, oder dasjenige, nicht vergewaltigt zu werden). Am univer-

salistischen Denken kritisiert diese Fraktion der Feministinnen, dass jede Theorie über den Menschen und seine
Rechte im Allgemeinen die Frauen schon immer benachteiligt habe, weil unter der Hand der Mann mit dem Menschen schlechthin gleichgesetzt worden sei – was sich
sprachlich in der Ununterscheidbarkeit beispielsweise von
homme (= Mensch) und *homme* (= Mann) niederschlug (diese
Gleichsetzung findet sich in allen romanischen Sprachen,
aber auch in der englischen Vokabel *man*). Dagegen gelte
es, die besondere Situation der Frau zu analysieren und gegen ihre weltweite Unterdrückung durch den Mann zu
kämpfen – ein Kampf, für den die Vokabeln der Menschenrechte nicht ausreichten, weil sie das Besondere dieser Art der Unterdrückung nicht berücksichtigten. Anm. d.
Übersetzerin.

2 Michèle Fitoussi, *Zum Teufel mit der Superfrau. Die Sucht nach
Perfektion*, aus dem Französischen von David Eisermann,
München/Zürich: Piper 1991.

3 Pascal Bruckner, *La Tentation de l'innocence*, Paris: Grasset
1995.

4 Vgl. Ellen MacArthurs Biografie *Ich wollte das Unmögliche.
Wie ich allein die Welt umsegelte*, aus dem Englischen von Karl-
Heinz Ebnet, München: Malik 2003.

5 Die neuen Techniken der Reproduktionsmedizin verrin-
gern die Rolle des Mannes bei der Fortpflanzung immer
weiter. Ganz abgesehen von der Bedrohung, die das re-
produktive Klonen für das männliche Geschlecht bedeutet.

6 Neu gebildetes Wort, das die Haltung bezeichnet, sich vorwiegend als Opfer (lat. *victima*) zu betrachten.

7 Antoinette Fouque, in: *Marianne*, 9. bis 15. Dezember 2002.

8 Am 6. Juni 2000 verabschiedete die französische Nationalversammlung mit parteiübergreifender Mehrheit (bei nur

drei Gegenstimmen) das »Paritätsgesetz«. Es sieht unter anderem vor, dass die politischen Parteien bei Listenwahlen (zu Gemeinderäten, Regionalparlamenten, zum Senat und zum Europäischen Parlament) ihre Wahllisten strikt paritätisch mit Frauen und Männern besetzen müssen; andernfalls wird die Wahlliste nicht angenommen (Ausnahme: Gemeinderatswahlen in Gemeinden mit weniger als 3500 Einwohnern). Bei Mehrheitswahlen (etwa zur Nationalversammlung) müssen die politischen Parteien eine gleiche Anzahl männlicher und weiblicher Wahlkreiskandidaten aufstellen; Parteien, die gegen diese Vorgabe verstoßen, müssen Abzüge bei der staatlichen Parteienfinanzierung hinnehmen (Ausnahme: Gruppierungen, die in weniger als fünfzig Wahlkreisen und dreißig Departements vertreten sind). Bei den Wahlen zur Nationalversammlung im Juni 2002 stellten beide großen Parteien (Sozialisten und Neogaullisten) erheblich weniger Frauen als Männer auf und nahmen die finanziellen Sanktionen des Gesetzes bewusst in Kauf. Während Frauen in den Gemeindeversammlungen inzwischen annähernd paritätisch vertreten sind (47,5 Prozent im Jahr 2001), stieg der Anteil der weiblichen Abgeordneten in der Nationalversammlung nur unwesentlich von 10,9 Prozent (1997) auf 12,3 Prozent (2002). Zum Vergleich: Im Jahr 2000 betrug der Anteil in Schweden 42,7 Prozent, in Deutschland 30,9 Prozent, im europäischen Durchschnitt 15,5 Prozent. – Im Zuge des Paritätsgesetzes wurde eine Verfassungsänderung notwendig: Artikel 3 ermächtigt nunmehr den Gesetzgeber, »den gleichen Zugang von Männern und Frauen zu Wahlmandaten und Wahlämtern« durch Gesetz zu »begünstigen« (»la loi favorise l'égal accès«). In dieser Begünstigungsklausel sieht die Autorin eine Abkehr vom Prinzip des strikten Universalismus. Anm. d. Übersetzerin.

9 Nicht zu verwechseln mit den feministischen Studien, die sich an eine akademische Öffentlichkeit wenden.

I. Kapitel
Eine neue Abhandlung über die Methode

1 So die Definition im französischen Wörterbuch *Le Grand Robert*, wo es weiter heißt:»Methode, die unterschiedliche Gebilde künstlich unter einen Begriff fasst und zu diesem Zweck eine punktuelle Gemeinsamkeit ausnutzt.«

2 Susan Brownmiller, *Gegen unseren Willen. Vergewaltigung und Männerherrschaft*, aus dem Amerikanischen von Ivonne Carroux, Frankfurt am Main: S. Fischer 1978. Brownmiller behauptet:»Vergewaltigung ist nur ein bewusstes Einschüchterungsmittel, mit dem alle Männer die Frauen in einem Zustand von Furcht halten.«

3 Catharine MacKinnon, *Sexual Harassment of Working Women. A Case of Sex Discrimination*, New Haven/London: Yale University Press 1979.

4 Andrea Dworkin, *Pornographie. Männer beherrschen Frauen*, aus dem Amerikanischen von Erica Fischer, Vorwort von Alice Schwarzer, Köln: Emma 1987.

5 Catharine MacKinnon, *Feminism Unmodified. Discourses on Life and Law*, Cambridge, MA: Harvard University Press 1987, 7. Kapitel.

6 Vgl. Gayle S. Rubin,»Penser le sexe. Pour une théorie radicale de la politique de la sexualité«, in: Éliane Sokol (Hg.), *Marché au sexe*, Paris: EPEL 2002.

7 Die in Tunesien geborene und in Paris niedergelassene Anwältin Gisèle Halimi schrieb das Buch: *Alles was ich bin. Tagebuch einer ungeliebten Tochter*, aus dem Französischen von Stephanie Oruzgani, München: Malik 2000.

8 Choisir – La cause des femmes (Hg.), *Viol. Le procès d'Aix-en-Provence. Compte rendu des débats* (Protokoll der Verhandlung vor dem Schwurgericht Bouches-du-Rhône vom 2. bis 3. Mai 1978), Paris: Gallimard 1978, S. 413.

9 Georges Vigarello, *Histoire du viol, XVIe–XXe siècle*, Paris: Seuil 1998, S. 246.

10 Art. 332 des *Code pénal* (französisches Strafgesetzbuch), alte Fassung.

11 Im Jahr 1999 erstatteten 8700 Frauen Anzeige wegen Vergewaltigung, und 1200 Personen wurden verurteilt. Die Zahlen wurden von der Vorsitzenden der Gruppe Viols femmes informations (Informationen zur Vergewaltigung von Frauen) in der Pariser Sonntagszeitung *Journal de dimanche* vom 8. März 2003 genannt.

12 *Annuaire statistique de la Justice*, 1998.

13 *Code pénal*, III. Abschnitt, 2. Buch. Hervorhebung v. E. B.

14 Vigarello, *Histoire du viol*, a. a. O., S. 254.

15 *New York Times* vom 3. Mai 1992.

16 *Loi de modernisation sociale*, Art. 222-33-2.

17 *Le Monde* vom 19. April 2002. Um dem Ganzen die Krone aufzusetzen, sieht das Gesetz die Umkehrung der Beweislast vor. Es tritt im Juli 2005 in Kraft.

18 *Enquête nationale sur les violences envers les femmes en France* (Nationale Studie über Gewalt gegen Frauen in Frankreich, ENVEFF) von Maryse Jaspard u. a., Paris 2003. Die Erhebung wurde zwischen März und Juli 2000 telefonisch mit einer repräsentativen Stichprobe von 6970 Frauen zwischen zwanzig und neunundfünfzig Jahren durchgeführt. Vgl. *Population et sociétés*, Nr. 364, Januar 2001. Der Fragebogen und der Abschlussbericht über die Erhebung sind im Internet unter http://idup.univ.paris.fr/recherche/enveff.htm als PDF-Dateien abrufbar.

19 Siehe den Auszug aus dem Fragebogen »Psychischer

Druck in der Paarbeziehung«. Quelle: Maryse Jaspard u. a., »Nommer et compter les violences envers les femmes: une première enquête nationale en France«, in: *Populations et sociétés*, Nr. 364, Januar 2001, S. 4.

20 Wenn der Partner psychischen Druck in wenigstens drei Formen ausübt und davon mindestens eine häufig vorkommt, liegt der Untersuchung zufolge »seelische Schikanierung« vor.

21 So meldete am 21. Januar 2003 ein Journalist eines Regionalsenders in den 20-Uhr-Nachrichten: »10 Prozent der Französinnen werden von ihrem Mann geschlagen!« Am 26. März titelte *Libération*: »In Frankreich wird jede siebte Frau geschlagen.«

22 *L'Express* vom 13. Mai 1999. Die Fragen stellte Marie Huret.

23 Quelle: *Populations et sociétés*, a. a. O., S. 3.

24 *Le Monde* vom 7. März 2002.

25 Collectif féministe contre le viol (Hg.), *Bulletin 2002*, S. 15.

26 Ebd., S. 29.

27 Zit. nach Christopher M. Finan, Catharine MacKinnon: *The Rise of a Feminist Censor, 1983-1993*, 1998 (www. mediacoalition.org/reports/mackinnon). Siehe auch Catharine MacKinnon, »Sexuality, pornography, and method«, in: *Ethics* 99, Januar 1989, S. 331. Im Jahr 1992 veröffentlichte das amerikanische Justizministerium unter Janet Reno völlig andere Zahlen. Danach sind 8 Prozent der Amerikanerinnen im Laufe ihres Lebens Opfer einer Vergewaltigung oder versuchten Vergewaltigung geworden.

28 Mary Koss hatte bereits einen Artikel über Vergewaltigung veröffentlicht, in dem sie die Auffassung vertrat, Vergewaltigung sei ein »extremes Verhalten, das aber seinen

Platz im normalen männlichen Verhaltensspektrum hat«; in: *Journal of Consulting and Clinical Psychology* 50, Nr. 3, 1982, S. 455.

29 Zu der Geschichte dieser Umfrage und dem Sturm, den sie auslöste, vgl. Richard Orton, »Campus Rape: Understanding the Numbers and Defining the Problem«, in: *Ending Man's Violence Newsletter*, Sommer/Herbst 1991; Katie Roiphe, *The Morning After. Sex, Fear, and Feminism on Campus*, Boston, MA: Little, Brown & Co. 1993; Christina Hoff Sommers, *Who Stole Feminism? How Women Have Betrayed Women*, New York: Simon & Schuster 1994. Hervorhebung von E. B.

30 »Realities and Mythologies of Rape«, in: *Society* 29, Mai/Juni 1992. Siehe auch »Examining the Fact. Advocacy Research Overstates the Incidence of Date and Acquaintance Rape«, in: Richard J. Gelles/Donileen R. Loseke (Hg.), *Current Controversies in Family Violence*, Newbury Park, Cal.: Sage Publications 1993, S. 120–132.

31 *New York Times Magazine* vom 13. Juni 1993.

32 Davon berichtet Hoff Sommers in *Who Stole Feminism?*, a. a. O., S. 222.

33 *Population et sociétés*, Nr. 364, Januar 2001, S. 4. Die Zahl von 48 000 Vergewaltigungen leitet sich von einer geschätzten Anzahl zwischen 32 000 und 64 000 Fällen her (bei einer Dunkelziffer von 95 Prozent).

34 *Bulletin 2002*, S. 12. Erinnern wir daran, dass der »Bericht über das Sexualverhalten der Franzosen« (*Les comportements sexuels en France*. Rapport au ministre de la recherche et de l'espace, unter der Leitung von Alfred Spira und Nathalie Bajos, Paris 1993, S. 217-219) eine Zahl von 4,7 Prozent Frauen angibt, die Opfer erzwungener sexueller Beziehungen wurden, also etwas weniger als jede Zwanzigste.

35 *Libération* vom 7. November 2003; *Télécinéobs*, 2. bis 8. November 2003. Der Film *Le viol* (Vergewaltigung) wurde am 7. November 2003 von *France 5* ausgestrahlt.

36 Marie-Ange Le Boulaire, *Le viol*, Paris: Flammarion 2002, S. 239.

37 Feministische Überlegungen zielten darauf, die Frage der Vergewaltigung aus dem engeren Bereich der Sexualität zu lösen und sie in die Analyse des Machtsystems einzubetten, das solche Gewalthandlungen möglich macht.

38 Roiphe, *The Morning After*, a. a. O., S. 87.

39 Außer in einigen Arbeiten, die sich an eine akademische Leserschaft wenden. So etwa Daniel Welzer-Lang (Hg.), *Nouvelles approches des hommes et du masculin*, Toulouse: Presses universitaires du Mirail 1998.

40 Entgegen einer verbreiteten Auffassung mussten die Feministinnen nicht erst auf den französischen Soziologen Pierre Bourdieu warten, um den Begriff der »männlichen Herrschaft« zu bilden – woran Nicole-Claude Mathieu und Marie-Victoire Louis in ihren bissigen Artikeln in derselben Nummer der *Temps Modernes* erinnern (Nr. 604, Mai/Juni/Juli 1999). Vgl. Pierre Bourdieu, *La domination masculine*, Paris: Seuil 1998.

41 Simone de Beauvoir, *Das andere Geschlecht. Sitte und Sexus der Frau*, Reinbek: Rowohlt 1968. Der Buch erschien zuerst 1949. Anm. d. Übersetzerin.

42 Unvergessen bleibt der hasserfüllte Nachruf, in dem die sozialistische Abgeordnete und spätere Umweltministerin Antoinette Fouque unmittelbar nach dem Tod Simone de Beauvoirs deren feministische Positionen als »universalistisch, egalitaristisch, gleichmacherisch und normalisierend« brandmarkte: »Dieser Tod ist mehr als ein Ereignis. Er bezeichnet einen Wendepunkt auf der historischen Bühne, der den Eintritt der Frauen ins 21. Jahr-

hundert beschleunigen wird.« In: *Libération* vom 15. April 1986.

43 Sylviane Agacinski, *Politique des sexes*, Paris: Seuil 1998, S. 60 und 85.

44 Vgl. oben, Anm. 6.

45 *Le Point* vom 1. November 2002.

46 Françoise Héritier, *Masculin/Féminin I. La pensée de la différence*, Paris: Odile Jacob 1996.

47 Héritier, *Masculin/Féminin II. Dissoudre la hierarchie*, Paris: Odile Jacob 2002, S. 26.

48 Héritier, *Masculin/Féminin I*, a. a. O., S. 299f.

49 Zum Delikt der Abtreibung in Deutschland: Der aus dem Jahr 1871 stammende Paragraph 218, der die Abtreibung unter Strafe stellte, wurde in der BRD 1974 durch eine Fristenlösung liberalisiert; in der Folge eines Urteils des Bundesverfassungsgerichts, das diese Liberalisierung für verfassungswidrig erklärte, erfolgte 1976 die Verabschiedung einer Indikationslösung, der zufolge Abtreibung auch in den ersten drei Monaten weiterhin rechtswidrig, jedoch bis zum dritten Schwangerschaftsmonat straffrei ist, wenn vor dem Eingriff eine Beratung stattgefunden hat. Nach der Wiedervereinigung sollte, da in der DDR seit 1972 eine Fristenlösung bestanden hatte, 1992 diese in leicht modifizierter Form für ganz Deutschland gelten; doch auch dies wurde vom Bundesverfassungsgericht verhindert. Es blieb seit der jüngsten Gesetzesänderung von 1996 bei der Indikationslösung. Anm. d. Übersetzerin.

50 Héritier, *Masculin/Féminin II*, a. a. O., S. 248.

51 Zwar behauptet Françoise Héritier, dass sich mit der Kontrolle der Frauen über ihre eigene Fruchtbarkeit nicht nur die sozialen Regeln (insofern Frauen zu völlig autonomen Partnern werden), sondern auch die begrifflichen Regeln ändern; doch bald darauf relativiert sie ihre Äußerung wie-

der:»… vielleicht nicht in dem Sinne, dass dadurch sämtliche Begriffshierarchien, die unsere Repräsentationssysteme beherrschen, umgestürzt werden, aber doch wenigstens so, dass damit ein ausgewogeneres Gleichgewicht oder eine Neuverteilung entsteht, bei der das Negative nicht immer mit dem weiblichen Pol und das Positive nicht immer mit dem männlichen verknüpft ist.« A. a. O., II, S. 249 und 251.

52 Antoinette Fouque, *Il y a deux sexes. Essais de féminologie 1989-1996*, Paris: Gallimard 1995, S. 81.

53 Agacinski, *Politique des sexes*, a. a. O., S. 38.

54 So der französische Familiensoziologe François de Singly in seinem Beitrag:»Les habits neufs de la domination masculine«, in: *Esprit*, November 1993, S. 54–64.

55 Fouque, *Il y a deux sexes*, a. a. O., S. 156 f.

56 Ebd., S. 157.

57 Schwangerschaft (*gestation*), schreibt Antoinette Fouque an anderer Stelle, ist»Erzeugung, Gebärde, Fürsorge (*génération, geste, gestion*), dazu innere Erfahrung, Erfahrung des Intimen sowie Großzügigkeit, Schöpfungskraft der Gattung, Annahme des fremden Körpers, Gastfreundschaft, Öffnung … Modell menschlicher Kultur, Muster der Universalität der menschlichen Gattung und Ursprung der Ethik«. Ebd., S. 80.

58 Agacinski, *Politique des sexes*, a. a. O., S. 105.

59 Ebd., S. 108. Hervorhebung von E. B.

60 Ebd., S. 135.

61 Nicole-Claude Mathieu,»Notes pour une définition sociologique des catégories du sexe«, 1971; wieder abgedruckt in: Dies., *L'anatomie politique. Catégorisations et idéologies du sexe*, Paris: Côtés-femmes 1991.

62 Colette Guillaumin,»Pratiques de pouvoir et idées de nature. L'appropriation des femmes«, in: *Questions féministes*,

Nr. 2, 1987; wiederveröffentlicht in: Dies., *Sexe, race et pratique de pouvoir. L'idée de nature*, Paris: Côtés-femmes 1992.

63 Christine Delphy, »L'ennemi principal«, in: *Partisans*, Nr. 54/55, Juni/August 1970.

64 Siehe die Arbeiten von Daniel Welzer-Lang, die den angelsächsischen *men's studies* nahe stehen.

65 Welzer-Lang (Hg.), *Nouvelles approches des hommes et du masculin*, a. a. O., S. 11.

66 Ebd., S. 111, 113.

67 Porträt von Tareq Oubrov, in: *Libération* vom 20. August 2002.

68 François de Singly, »Les habits neufs de la domination masculine«, a. a. O., S. 60. Françoise Héritier teilt diese Auffassung: »Ich habe auf all die Bastionen *männlicher Reservate* hingewiesen, die nach und nach gefallen sind, wenn auch nur symbolisch ... Es sind bereits neue entstanden. Und es werden zweifellos weitere, neuartige entstehen, deren Merkmale wir noch gar nicht erahnen können.« *Masculin/Féminin I*, a. a. O., S. 301.

69 John Stoltenberg, *Refusing to Be a Man. Essays on Sex and Justice*, Portland: Breitenbush 1989.

70 Zit. nach Welzer-Lang (Hg.), *Nouvelles approches des hommes et du masculin*, a. a. O., S. 25.

71 Ebd. – Siehe dort auch den Artikel von Michael Kimmel, Herausgeber der Zeitschrift *Men and Masculinities* und eine der großen Gestalten der *men's studies* in den USA: »Qui a peur des hommes qui font du féminisme?« (Wer hast Angst vor feministischen Männern?), a. a. O., S. 237–253.

72 Hervorhebung von E. B.

73 In der Sendung *Mots croisés* (hier in der Bedeutung von »Wortwechsel«), ausgestrahlt von *France 2* am 21. Januar 2001. Siehe dazu das sehr erhellende Buch des Psychiaters Paul Bensussan, Sachverständiger beim Appella-

tionsgericht Versailles, und der Anwältin Florence Rault: *La dictature de l'émotion. La protection de l'enfant et ses dérives*, Paris: Belfond 2002, S. 234–238.

74 Zit. nach *Le Point* vom 21. Juni 2002.

75 Ebd.

76 Liliane Kandel, »Les femmes sont-elles un peuple?«, in: Marie-Claire Hoock-Demarle (Hg.), *Femmes, nations, europe*, Paris: Publications de L'Université Paris VII – Denis Diderot 1995, S. 40–59.

77 Luce Irigaray, *Die Zeit der Differenz. Für eine friedliche Revolution*, aus dem Französischen von Xenia Rajewski, Frankfurt am Main/New York: Campus 1991, S. 25.

78 Kandel, »Les femmes sont-elles un peuple?«, a. a. O., S. 56.

79 Ebd., S. 42. Das Manifest *Combat pour la libération de la femme* wird zitiert nach dem Abdruck in der Zeitschrift *L'Idiot international*.

80 Die Idee der Parität tauchte in Frankreich zum ersten Mal in dem Buch *Au pouvoir citoyennes! Liberté, égalité, parité* von Françoise Gaspard/Anne Le Gall/Claude Servan-Schreiber, Paris: Seuil 1992, auf.

81 Zitiert nach Janine Mossuz-Lavau, *Femmes/Hommes pour la parité*, Paris: Presses de sciences 1998, S. 78.

82 Ebd., S. 78 f. – Simone Veil war von 1974 bis 1979 und von 1993 bis 1995 Gesundheits- und Sozialministerin sowie von 1979 bis 1982 erste Präsidentin des Europäischen Parlaments. Anm. der Übersetzerin.

83 Ebd., S. 79. – Martine Aubry war bis Oktober 2000 Ministerin für Arbeit, Soziales und Solidarität in der Regierung Jospin. Anm. der Übersetzerin.

84 Elisabeth Guigou, *Être femme en politique*, Paris: Plon 1997, S. 28, 153, 166. Nach dem Rücktritt Martine Aubrys im Oktober 2000 folgte ihr Elisabeth Gigou als Ministerin für

Arbeit, Soziales und Solidarität in der Regierung Jospin. Anm. der Übersetzerin.

85 Ebd., S. 235.

86 »Courage, les ravaudeuses!«, in: *Madame Figaro* vom 16. November 2002.

87 Statistik für das Jahr 2000, ODAS.

2. KAPITEL
AUSLASSUNGEN

1 *Violence domestique envers les femmes*, Text vom 27. September 2002. Siehe *Le Figaro* vom 31. Dezember 2002 sowie das monatliche Bulletin *Le courrier de la marche des femmes* der französischen Koordinationsgruppe für den Internationalen Marsch der Frauen (104, rue de Couronnes, 75020 Paris).

2 Dass es für Opfer physischer Gewalt oder tatsächlich eingesperrte Frauen unmöglich sein kann, ist begreiflich.

3 Nach der ENVEFF-Untersuchung sind von den Frauen, die sich als Gewaltopfer bezeichnen, 10 Prozent höhere Angestellte, 9 Prozent einfache Angestellte, 8,7 Prozent Arbeiterinnen; bei den Arbeitslosen beträgt die Ziffer 13,7 Prozent und bei den Studentinnen 12,4 Prozent.

4 *Études et statistiques. Justice*, Nr. 19, vorläufige Daten für das Jahr 2000.

5 Agacinski, *Politique des sexes*, a. a. O., S. 152.

6 Héritier, *Masculin/Féminin II*, a. a. O., S. 305.

7 Welzer-Lang (Hg.), *Nouvelles approches des hommes et du masculin*, a. a. O., S. 23.

8 Cécile Dauphin/Arlette Farge (Hg.), *De la violence et des femmes*, Paris: Alban Michel 1997.

9 Die französische Sozialforscherin Marie-Elisabeth Hand-

man etwa erinnert an die Gewalttätigkeit und die »sanfte Tyrannei« der Mütter im heutigen Griechenland (»L'enfer et le paradis? Violence et tyrannie douce an Grèce contemporaine«, a. a. O.). Handman sieht darin jedoch wieder nur ein Derivat der gesellschaftlichen Gewalt.

10 Dominique Godineau, »Citoyennes, boutefeux et furies de guillotine«, a. a. O., S. 35–53.

11 *Libération* vom 2. Februar 2002.

12 Über die Rolle der Frauen beim kambodschanischen Völkermord ist bis heute nichts bekannt.

13 Liliane Kandel (Hg.), *Féminismes et nazisme. En hommage à Rita Thalmann*, Paris: Publications de L'Université Paris VII – Denis Diderot 1997.

14 Ebd., S. 13.

15 Ebd.

16 Ebd., S. 14 f.

17 Helga Schubert, *Judasfrauen. Zehn Fallgeschichten weiblicher Denunziation im Dritten Reich*, Frankfurt am Main: Luchterhand 1990.

18 Nicole Gabriel, »Les bouches de pierre et l'oreilles du tyran«, in: Kandel (Hg.), *Féminismes et nazisme*, a. a. O., S. 42–54.

19 »Während die aktive Beteiligung an Gewalt damals den Männern vorbehalten war, gilt das inzwischen nicht mehr. Heute erlebt man immer häufiger, dass Gewaltakte in rechtsradikalen Gruppierungen in Deutschland von jungen Mädchen begangen werden«, bemerkt Nicole Gabriel, ebd., S. 51.

20 Gudrun Schwarz, »Les femmes SS, 1939–1945«, ebd., S. 86–95.

21 Ebd., S. 94 f. Siehe auch Gudrun Schwarz, *Eine Frau an seiner Seite. Ehefrauen in der »SS-Sippengemeinschaft«*, Berlin: Aufbau-Verlag 2000.

22 Caroline Laurent,»Le silence des criminelles«, in: *Elle* vom 4. November 2002.

23 Ebd.

24 Ihre Anzahl entspricht einem Zehntel der Männer, die töten, demütigen, foltern.

25 *Le Point* vom 19. September 1998.

26 Ebd.

27 Ebd.

28 Alan W. Leschied u. a., *La violence chez les adolescentes. Étude documentaire et corrélations*, Ottawa 2000. Der Bericht an den kanadischen Justizminister ist nachzulesen unter: www.wgs.gc.ca. Siehe auch »Crime Statistics«, in: *The Daily* (der tägliche Pressedienst von Statistics Canada), Ottawa, 22. Juli 1998.

29 Ebd. Hervorhebung im Original.

30 *Le Monde* vom 21. März 2002.

31 *Le Point* vom 19. September 1998.

32 Vgl. die *taz* vom 27. Februar 2002. Auch in Deutschland herrscht der Kampf um die Statistik. Vgl. *Berliner Kurier* vom 26. Oktober 2003: Nach der »offiziellen Polizeistatistik geht jeder vierte Fall häuslicher Gewalt inzwischen von Frauen aus«. Einem Bericht der Zeitschrift *Psychologie heute* zufolge (Oktober 2001) attackieren Frauen ihre Partner annähernd genauso oft wie umgekehrt. Anm. d. Übersetzerin.

33 Auf Initiative von Nicole Ameline, Ministerin für Geschlechterparität und berufliche Chancengleichheit, ist es nun auch in Frankreich rechtlich möglich, den Angreifer (anstelle der Angegriffenen) zum Verlassen der gemeinsamen Wohnung zu zwingen.

34 »Hommes battus, les bleus de la honte« von Sandrine Lucchini und Axel Charles-Messance, in dem Magazin *Reportage*, gesendet von *TF 1* am 8. Dezember 2002, 13.25 Uhr.

35 Als Gefangene des Männlichkeitsklischees wagen es ver-

prügelte Ehemänner und Lebensgefährten nicht, Anzeige zu erstatten.

36 Denken wir zum Beispiel an Mütter, die ihr Kind instrumentalisieren, indem sie den Vater zu Unrecht des sexuellen Missbrauchs beschuldigen, um ihm den Umgang mit dem Kind umso leichter verwehren zu können. Oder auch an die weibliche Zuhälterei, eine Form unmittelbarer Gewalt gegen andere Frauen. Vgl. die Sendung *Envoyé spécial* (Sonderberichterstatter) vom 30. Oktober 2002 auf *Antenne 2*, in welcher der für den Frauenhandel in der Ukraine verantwortliche Mafiaboss vorgestellt wurde: eine elegante Dame um die vierzig.

3. KAPITEL
WIDERSPRUCH

1 Catherine Millet, *Das sexuelle Leben der Catherine M.*, aus dem Französischen von Gaby Wurster, München: Goldmann 2001.

2 *Baise-moi*, Regie: Virginie Despentes, Frankreich 2000; als Buch: *Baise-moi, Fick mich*, aus dem Französischen von Kerstin Krolak und Jochen Schwarzer, Reinbek: Rowohlt 2002.

3 In einem Interview mit dem *Nouvel Observateur* (22. bis 28. Juni 2000) erklärt die Autorin, Virginie Despentes, geradeheraus: »Es ist an der Zeit, dass die Frauen Peinigerinnen« (der Männer?) »werden und auch vor äußerster Gewalt nicht zurückschrecken.«

4 Xavier Deleu, *Le consensus pornographique*, Paris: Mango Document 2002, S. 8.

5 So der Titel eines Buches von Christian Authier, *Le nouvel ordre sexuel*, Paris: Barthillat 2002.

6 Insbesondere Jean-Claude Guillebaud, *La tyrannie du plaisir*, Paris: Seuil 1998; Alain Finkielkraut/Pascal Bruckner, *Die neue Liebesunordnung*, aus dem Französischen von Hainer Kober, Reinbek: Rowohlt 1987; Christian Authier, *Le nouvel ordre sexuel*, a. a. O., und Dominique Folscheid, *Sexe mécanique. La crise contemporaine de la sexualité*, Paris: La Table ronde 2002.

7 Michel Bozon, »Sexualité et genre«, in: Jacqueline Laufer/Catherine Marry/Margaret Maruani (Hg.), *Masculin-Féminin: question pour les sciences de l'homme*, Paris: PUF 2001, S. 171.

8 Authier, *Le nouvel ordre sexuel*, a. a. O., Kapitel 1, »Alice, Claire, Virginie et les autres«.

9 *Les comportements sexuels en France*. Rapport au ministre de la recherche et de l'espace (Das Sexualverhalten in Frankreich. Bericht des Forschungsministeriums), unter der Leitung von Alfred Spira und Nathalie Bajos, Paris: La Documentation francaise 1993.

10 Nach dem Simon-Report hatten von den Befragten zwischen zwanzig und neunundvierzig Jahren 24 Prozent der Männer und 16 Prozent der Frauen wenigstens einmal im Leben damit Erfahrungen gesammelt.

11 Janine Mossuz-Lavau, *La vie sexuelle en France. Une enquête inédite: des hommes et des femmes racontent comment ils font l'amour aujourd'hui*, Paris: La Martinière 2002, S. 29.

12 Interview mit Janine Mossuz-Lavau, in: *Libération* vom 10. März 2002.

13 Interview mit Janine Mossuz-Lavau, in: *L'Express* vom 28. Februar 2002. Die Fragen stellte Jacqueline Rémy.

14 Ebd.

15 Deleu, *Le consensus pornographique*, a. a. O., S. 117.

16 Denise Stagnara, zit. nach *Marianne*, 24. bis 30. Juni 2002.

17 Véronique Poutrain, »Commerce du sexe et pratiques

BDSM«, in: Daniel Welzer-Lang/Salova Chaker (Hg.), *Quand le sexe travaille ...*, Universität Toulouse-Le Mirail, Oktober 2002, S. 101.

18 »L'Échangisme: une multisexualité commerciale à forte domination masculine«, in: *Sociétés contemporaines*, hg. von Michel Bozon, Nr. 41/42, 2001, S. 111–131.

19 Deleu, *Le consensus pornographique*, a. a. O., S. 186.

20 Michel Houellebecq, *Elementarteilchen*, aus dem Französischen von Uli Wittmann, Köln: DuMont 1999. Ders., *Plattform*, Köln: DuMont 2002.

21 Folscheid, *Sexe mécanique*, a. a. O., S. 165.

22 »Ein weiterer Beitrag zur sexuellen Selbstbestimmung der Frau«. Pressemitteilung der Beate Uhse AG, zitiert nach: *FAZ* vom 22. November 2003. Anm. d. Übersetzerin.

23 *Elle* vom 4. November 2002.

24 *Libération* vom 31. Oktober 2002.

25 *Le Point* vom 12. Juli 2002.

26 Florence Trédez, »Les bimbos de la Pop sont-elles trop hot?«, in: *Elle* vom 9. Dezember 2002.

27 Andrea Dworkin, »Why Women Must Get Out of Men's Laps«, in: *The Herald* (Glasgow) vom 2. August 2002. Dies., »Prostitution and Male Supremacy«, Vortrag, gehalten an der University of Michigan Law School, Oktober 1992.

28 Rhéa Jean, »Manifeste pour l'abolition de la prostitution«, unter www.artifice.qc.ca/dossierarchives/72.htm im Internet. Hervorhebungen von E. B.

29 Florence Montreynaud, *Bienvenue dans La Meute. Réponses aux objections adressées à ces féministes, femmes et hommes, solidaires de femmes victimes d'insultes sexistes*, Paris: La Découverte 2000, S. 99.

30 Nach den Worten von Claude Boucher, der Leiterin der Vereinigung Les Amis du Bus des femmes (Freunde des Busses für Frauen – einer mobilen medizinischen Be-

treuung für Prostituierte) in: Marie-Jo Zimmermann (Hg.), *Rapport sur la sécurité intérieure*, Nr. 459, 2002, S. 63.

31 Umfrage des französischen Meinungsforschungsinstituts IFOP (Insitut francais d' Opinion Publique), durchgeführt am 5. September 2002. »Die Macht des Geldes über die Gefühle ist nicht mehr tabu. Die Liebe hat einen Preis, lässt Kosten entstehen, für deren Einsatz jeder einen Ertrag erwartet«, so der Kommentar der Wochenzeitschrift *CB News*, 30. September bis 6. Oktober 2002.

32 Interview mit Christophe Caresche, Dezernent in der Stadtverwaltung und sozialistischer Abgeordneter, in einem Interview des *Journal du dimanche* vom 29. September 2002. Am 13. Januar 2003 wird, nachzulesen in *Libération*, das Strafmaß auf sechs Monate Gefängnis und 7500 Euro Geldstrafe gesenkt.

33 Siehe dazu von der Medizinerin Judith Trinquart: *La décorporalisation dans la pratique prostitutionnelle: Un obstacle majeur à l'accès aux soins*. Thèse de doctorat de médicine générale, 2001/02. Zu der in Frankreich neu entdeckten Geisteskrankheit namens Prostitution siehe auch die ausgezeichnete kritische Analyse von Liliane Kandel, »Une nouvelle maladie mentale en France: la prostitution«, in: *Pro-choix. La revue du droit de choisir*, Nr. 23, Winter 2002, S. 17–23.

34 Nicole-Claude Mathieu, »Quand céder n'est pas consentir. Des déterminants matériels et psychiques de la conscience dominée des femmes«, in: dies. (Hg.), *L'arraisonnement des femmes. Essais en anthropologie des sexes*, Paris: École des hautes études en sciences sociales 1985, S. 169–245.

35 Charlene Muelenhard/Jennifer Schrag, »Nonviolent sexual coercition«, zit. nach Roiphe, *The Morning After*, a. a. O., S. 67.

36 Roiphe, *The Morning After*, a. a. O., S. 75.

37 Michel Feher, »Erotisme et féminisme aux États-Unis«, in: *Esprit*, November 1993, S. 126.

38 Eric Fassin, »Le date rape aux États-Unis«, in: *Enquête*, Nr. 5, 1997, S. 210. Zit. nach Claude Habib, *Le consentement amoureux. Rousseau, les femmes et la cité*, Paris: Hachette littératures 1998, S. 68.

39 Patrick Hochart, »Le plus libre et le plus doux de tous les actes« (Lektüre des fünften Buches von Rousseaus *Emile*), in: *Esprit*, August/September 1997, S. 61-76; Claude Habib, »Les lois de l'idylle. Amour, sexe et nature«, ebd., S. 77–91.

40 Feher, »Erotisme et féminisme aux États-Unis«, a. a. O., S. 129.

41 Daphne Patai, *Heterophobia, Sexual Harassment and the Future of Feminism*, 1998, S. 176 f. Der Essay von Loïs Pineau, »Date Rape: A Feminist Analysis«, erschien in dem von Leslie Francis herausgegebenen Sammelband *Date Rape. Feminism, Philosophy, and the Law*, PA: Pennsylvania State University Press 1996, S. 1–26.

42 Sylviane Agacinski in: *Libération* vom 10. März 2002.

43 Bulletin de l'ANEF (Association nationale des études féministes), Sommer/Herbst 2002-2003, S. 123.

44 Janine Mossuz-Lavau, *La vie sexuelle en France*, a. a. O.

45 *Psychologies*, Juli/August 1997, Nr. 155.

46 Bozon, »Sexualité et genre«, a. a. O., S. 183.

47 *Paris-Match* vom 7. November 2002. – Die drei Filme sind: *Constance*, Regie: Knud Vesterskov, Dänemark 1998; *Pink Prison*, Regie: Lisbeth Lynghøft, Dänemark 1999; *Hot Men Cool Boyz*, Regie: Knud Vesterskov, Dänemark 2000. Im Vor- und Nachspann dieser Filme bleibt der Name des Koproduzenten Lars von Trier unerwähnt. Anm. d. Übersetzerin.

48 Zit. nach Patai, *Heterophobia*, a. a. O., S. 141 f.

49 Feher, »Erotisme et féminisme aux États-Unis«, a. a. O., S. 123 f.

50 MacKinnon, »Sex and Violence: A Perspective«, in: dies., *Feminism Unmodified*, a. a. O., S. 86.

51 Ebd., S. 87.

52 Dworkin, *Pornographie*, a. a. O., S. 68.

53 Ebd., S. 71.

54 Andrea Dworkin, *Letters from a War Zone. Writings 1976–1987*, London: Secker & Warburg 1988, S. 169.

55 Montreynaud, *Bienvenue dans La Meute*, a. a. O., S. 199.

56 Pauline Réage, *Geschichte der O*, aus dem Französischen von Simon Saint Honoré, Darmstadt: Melzer 1967.

57 Heute sind es die Prostituierten, die man ins Lager der Kinder oder Irren abzuschieben versucht. Dadurch werden sie zu verbotenen Objekten für die männliche Sexualität und verlieren ihren Status als vollwertige Bürgerinnen.

58 Héritier, *Masculin/Féminin II*, a. a. O., S. 293–295. Hervorhebung von E. B.

59 Ebd., S. 295. Diese Behauptung gilt in Frankreich allenfalls für diejenigen Bevölkerungsgruppen, welche die Werte der französischen Kultur und Demokratie nicht angenommen haben.

60 Rhéa Jean, »Manifeste pour l'abolition de la prostitution«, a. a. O., S. 13.

61 Danielle Bousquet/Christophe Caresche/ Martine Lignières-Cassou, »Oui, Abolitionnistes!« (Ja, wir wollen die Prostitution abschaffen!), in: *Le Monde* vom 16. Januar 2003. Alle drei Autoren sind Abgeordnete der sozialistischen Partei. Hervorhebung von E. B.

62 Marie-Christine Aubin, *Lettre de la Commission du droit des femmes. Égalité hommes/femmes*. Brief der Kommission

für die Rechte der Frauen an die Föderation der Sozialistischen Partei von Paris, Oktober 2002.

63 Brom ist bei Normaltemperatur eine dunkelrotbraune Flüssigkeit, die braune, unangenehm riechende Dämpfe entwickelt; wird als Mittel zur Herabsetzung der Libido eingesetzt. Anm. d. Übersetzerin.

64 Christina Hoff Sommers, *The War against Boys. How Misguided Feminism is Harming Our Young Men*, New York: Simon & Schusters 2000.

65 So der US-Psychologe William Pollack von der Harvard Medical School und Ronald F. Levant, Psychologe an der Universität Boston, zitiert nach Hoff Sommers, *The War against Boys*, a. a. O.

66 Elisabeth Badinter, *XY. Die Identität des Mannes*, aus dem Französischen von Inge Leipold, München/Zürich: Piper 1993.

67 Lorraine Millot, »Les Allemands, du combat féministe à l'apartheid«, in: *Libération* vom 13. April 1998.

68 Samia Issa, »Des femmes entre deux oppressions«, in: Henry Lelièvre (Hg.), *Les femmes, mais qu'est-ce qu'elles veulent?*, Brüssel 2001, S. 121.

4. KAPITEL
REGRESSION

1 *Elle* vom 10. März 2003.

2 Ein Gefühl, das heute umso stärker ist, als Frauen seit mehreren Jahren in der École de la Magistrature, der Ausbildungsanstalt für angehende Richter nach Abschluss ihres rechtswissenschaftlichen Studiums, in der Mehrheit sind und deshalb zu ihren eigenen Richterinnen geworden sind, zumal im Familienrecht, Sorgerecht und so weiter.

3 *Elle* vom 10. März 2003.

4 An den Hochschulen kommen inzwischen 120 Frauen auf 100 Männer, und unter vollzeitbeschäftigten Arbeitnehmern haben die Frauen im Durchschnitt bessere Abschlüsse als ihre männlichen Kollegen. Dominique Méda, *Le temps des femmes. Pour un nouveau partage des rôles*, Paris: Flammarion 2001.

5 Die unsichtbaren Schranken, die Frauen in Unternehmen und Organisationen daran hindern, in Führungspositionen aufzusteigen. Anm. d. Übersetzerin.

6 Siehe das Jahrbuch *Femme – Pouvoir et Entreprise* der Gruppe Action de Femme, das die Vertretung von Frauen in den Entscheidungsgremien der größten und börsenwichtigsten französischen Unternehmen untersucht: www.actiondefemme.fr.

7 Siehe zu allen diesen Punkten die hervorragenden Analysen der Gruppe Marché du travail et genre (Arbeitsmarkt und Geschlecht, Mage) unter der Leitung von Margaret Maruani.

8 Im September 1989 wurden in Creil drei Schülerinnen vom Unterricht ausgeschlossen. Sie hatten sich geweigert, im Klassenzimmer ihr Kopftuch abzunehmen. Die damalige sozialistische Regierung überließ die Entscheidung dem Conseil d'État, der obersten verwaltungsrechtlichen Instanz. Dieser befand, jeder Fall sei individuell vom jeweiligen Schuldirektor zu regeln. – Im Oktober 2003 wurden in Aubervilliers erneut zwei verschleierte Schwestern, Töchter eines nicht gläubigen Juden, von der Schule verwiesen. Die Schulleitung schlug als Kompromiss vor, die beiden Schwestern könnten den Unterricht wieder besuchen, wenn sie ›den Haaransatz, den unteren Hals und die Ohrläppchen‹ frei ließen. – In Deutschland entschied im September 2003 das Bundesverfassungsgericht über den Fall

187

einer Lehramtsanwärterin. Der deutschen Staatsbürgerin afghanischer Herkunft und muslimischen Glaubens war 1998 in Baden-Württemberg die Aufnahme in den staatlichen Schuldienst verweigert worden, da sie nicht ohne Kopftuch unterrichten wollte. Die Richter befanden, für ein generelles Verbot des Kopftuchs müssten die Länderparlamente neue gesetzliche Grundlagen schaffen. Gegenwärtig planen acht Bundesländer ein Kopftuchgesetz, sieben wollen darauf verzichten. – Vgl. Joachim Güntner, »Das Kopftuch und die Religionsfreiheit«, in: *Neue Zürcher Zeitung* vom 25. Oktober 2003; Marc Zitzmann, »Debatte in Frankreich erneut aufgeflammt«, ebd. Anm. d. Übersetzerin.

9 Obwohl sie es ablehnen, sich als »Feministinnen« zu bezeichnen, weil sie sich – wie sie sagen – im heutigen Feminismus nicht wiedererkennen, zeigen alle, die am Internationalen Marsch der Frauen im Oktober 2000 teilgenommen haben, eine tiefe Übereinstimmung mit den Werten des ursprünglichen Feminismus.

10 *Libération* vom 31. Januar 2003.

11 Ebd.

12 Ebd. Hervorhebung von E. B.

13 *Elle* vom 3. Februar 2003. Hervorhebung von E. B.

14 Siehe oben, S. 166, Fußnote 8.

15 Der Abstand der Löhne von Frauen und Männern bei gleichwertiger Arbeit hat sich sogar im Jahr 2001 seit mehreren Dekaden zum ersten Mal wieder leicht vergrößert.

16 Elisabeth Badinter, *Die Mutterliebe. Geschichte eines Gefühls vom 17. Jahrhundert bis heute*, aus dem Französischen von Friedrich Griese, München/Zürich: Piper 1981.

17 Agacinski, *Politique des sexes*, a. a. O., S. 77.

18 Pascale Molinier, *L'Énigme de la femme active. Egoïsme, sexe et compassion*, Paris: Payot 2003, S. 92.

19 Sarah Blaffer Hrdy, *Mutter Natur. Die weibliche Seite der Evo-*

lution, Berlin: Berlin Verlag 2000. Entfernt man weiblichen Mäusen ein bestimmtes Gen, kümmern sie sich nicht mehr um ihre Jungen.

20 Ebd., S. 608.

21 Edwige Antier, *Éloge des mères. Faire confiance à l'instinct maternel pour favoriser l'épanouissement de nos entfants*, Paris: Laffont 2001, S. 54.

22 »La Leche Liga Deutschland e. V. (LLL) ist Teil einer weltweiten gemeinnützigen Organisation, die seit über 45 Jahren in mittlerweile 78 Ländern der Erde tätig ist und Müttern Stillberatung anbietet ... Es sind nicht nur medizinische Argumente, die für das Stillen sprechen. Nicht weniger wichtig ist die Tatsache, dass Stillen geradezu eine Verkörperung von Mütterlichkeit in ihrer einmalig schönen und unersetzlichen Art ist ... Praktische Stillshirts finden Sie ganz neu in unserem Online-Shop unter Stillzubehör.« Nachzulesen unter: www.lalecheliga.de. Anm. d. Übersetzerin.

23 Estelle Saget, *L'Express* vom 31. Oktober 2002.

24 10 Prozent setzen die Muttermilchernährung über den dritten Monat hinaus fort (gegenüber 70 Prozent der Schwedinnen oder Norwegerinnen und 40 Prozent der Deutschen oder Spanierinnen).

25 Ergebnisse einer epidemologischen Studie mit 150000 Frauen, durchgeführt von britischen Forschern von Cancer Research. *The Lancet* vom 20. Juli 2002.

26 Dekret, veröffentlicht im *Journal officiel* vom 8. August 1998, Art. 1.

27 Dieses Erziehungsgeld von gegenwärtig 487,30 Euro monatlich (die entsprechende Leistung in Deutschland liegt bei 307 Euro) kann auch bei Teilzeitarbeit bezogen werden. Von 1994 an ging die Zahl berufstätiger Mütter mit zwei Kindern von 70 Prozent auf 55 Prozent zurück.

28 1998 wurden 85 Prozent der Teilzeitstellen von Frauen besetzt, und fast ein Drittel der berufstätigen Frauen arbeitet auf Teilzeitstellen.

29 Antier, *Éloge des mères*, a. a. O., S. 22.

30 Ebd., S. 153.

31 Ebd., S. 155.

32 Ebd., S. 20.

33 Der Vaterschaftsurlaub wurde im Januar 2002 in Frankreich eingeführt und von drei Tagen auf zwei Wochen verlängert. Binnen eines Jahres haben fast 300 000 Väter diese Regelung in Anspruch genommen, das heißt 40 Prozent der Männer, die im Jahr 2002 Vater wurden. Wie sie berichten, nahmen sie zum ersten Mal die Vielfalt der Aufgaben wahr, die eine junge Mutter erfüllen muss. Vgl. *Elle* vom 30. Dezember 2002. In Deutschland haben verheiratete Väter im Angestelltenverhältnis nach der Geburt ihres Kindes ein Anrecht auf einen bezahlten Vaterschaftsurlaub von elf Tagen. Anm. d. Übersetzerin.

Ich danke Micheline Amar für wertvolle Ratschläge